O ARREBATAMENTO DE LACAN

ÉRIK PORGE

O ARREBATAMENTO DE LACAN

Marguerite Duras ao pé da letra

Le ravissement de Lacan: Marguerite Duras à la lettre
Éditions érès 2015
Copyright © 2019 Aller Editora

Editores:	Fernanda Zacharewicz
	Gisela Armando
	Omar Souza
Conselho editorial:	Beatriz Santos (Université Paris Diderot — Paris 7)
	Daniel Omar Perez (Universidade Estadual de Campinas)
	Lia Carneiro Silveira (Universidade Estadual do Ceará)
	Luis Izcovich (École de Psychanalyse des Forums du Champ Lacanien)
	Maria Lívia Tourinho Moretto (Universidade de São Paulo)
Tradução	Paulo Sérgio de Souza Jr.
Revisão	Fernanda Zacharewicz
Capa	Rafael Brum
Diagramação	Sonia Peticov

Primeira edição: maio de 2019

Dados Internacionais de Catalogação na Publicação (CIP)
(Câmara Brasileira do Livro, SP, Brasil)

Ficha catalográfica elaborada por Iolanda Rodrigues Biode — Bibliotecária — CRB-8/10014

Porge, Érik
  O arrebatamento de Lacan: Marguerite Duras ao pé da letra / Érik Porge; traduzido por Paulo Sérgio de Souza Júnior — São Paulo: Aller Editora.
  176 p.

  Título original: *Le ravissement de Lacan: Marguerite Duras à la lettre*
  ISBN 978-85-94347-14-5

  1. Duras, Marguerite (1914-1996) — Crítica e Interpretação 2. Lacan, Jacques, 1901-1981 — Crítica e interpretação 3. Psicanálise e literatura 4. Sublimação (Psicologia) I. Título.

19-26690   CDD 801.92

Índice para catálogo sistemático
1. Psicologia e literatura   801.92

Publicado com a devida autorização e com todos
os direitos reservados pela Aller Editora.

Av. Angélica, 1814 - Conjunto 702
01228-200 São Paulo S.P.
Tel: (11) 98266.2831
contato@allereditora.com.br
Facebook: Aller Editora

Sumário

Prefácio   7

Introdução   13

Algumas evocações sobre o desenrolar do relato
O arrebatamento de Lol V. Stein,
de Marguerite Duras   27

Os ternários de Lol V. Stein   35
A lição das *Meninas* de Velázquez   44
Retorno das *Meninas* sobre Lol V. Stein   61
O ternário a mais de Lacan   67
Passagem à sublimação   84
Pulsão e sublimação   94
O amor cortês em anamorfose   108

A Novela X de O *heptamerão* de Margarida de Navarra 124
Função da Novela X na *Homenagem* de Lacan
   a Marguerite Duras 132
Uma carta sempre chega a seu destino 143
A letra a três 156

Prefácio

Flavia Trocoli[1]

N a letra do arrebatamento, é preciso contar três

> Nós nos perguntávamos como é que, para nós, essa dialética do objeto *a* se transfere, se é a esse objeto *a* que estão dadas a hora e a vez em que o sujeito deve se reconhecer. Quem é que deve fornecê-lo? Ele ou nós? Acaso nós não temos tanto a fazer quanto Velázquez em sua construção?
>
> Jacques Lacan

Não é toda literatura que faz com que o leitor seja forçado a uma tomada de posição, subjetiva e objetiva, diante do seu

---

[1] Professora de Teoria Literária do Departamento e do Programa de Pós-Graduação em Ciência da Literatura, da UFRJ. Membro do Centro de Pesquisas *Outrarte: a psicanálise entre a ciência e a arte*, do IEL/UNICAMP. Bolsista do CNPq.

objeto de leitura que o faça construir. Dizer isso é já indicar a singularidade de uma obra, de um autor e de um leitor; seus nomes: *O arrebatamento de Lol V. Stein* (1964), Marguerite Duras e Jacques Lacan. É deste ternário que parte este livro de Érik Porge e chega agora às mãos do leitor brasileiro na arguta tradução de Paulo Sérgio de Souza Jr.. Essa forçagem causada pela literatura de Marguerite Duras não permite que nem Lacan, nem Porge, ocupem a posição de meros intérpretes de uma personagem, nem de um tema (mesmo que este seja o amor atado à loucura). A forma do romance de Marguerite Duras força Lacan a certo modo de formalização em que ele mesmo se inclui, e a formalização de Lacan, seu estilo, força Érik Porge a não se restringir ao comentário e o coloca para trabalhar, isto é, para produzir novos enlaces: "Essa construção de caso seria falsa se não levássemos em conta a inclusão do próprio Lacan no seu texto." (p. 65)

Talvez o leitor já tenha percorrido (tomara que mais de uma vez) *Transmitir a clínica psicanalítica: Freud, Lacan, hoje* (tradução de Viviane Veras e Paulo Sérgio de Souza Jr.) e saiba que não é recente a preocupação de Érik Porge com questões que este livro também trabalha: a escrita de caso, a escrita da psicanálise, a escrita na literatura. Essa tríade é retomada em *O arrebatamento de Lacan: Marguerite Duras ao pé da letra* articulada a outras questões: à loucura feminina, à fantasia (articulada à psicose), à sublimação. Tríade que já permitiria ao leitor de Marguerite Duras se indagar — o que a obra dela coloca em jogo é um olhar e uma voz que não passam pelo recalcamento?

A narrativa em abismo dos principais ternários do romance de Marguerite Duras — compostos por: I) Lol, seu noivo e

Anne-Marie Stretter; II) Lol, Jacques Hold e Tatiana Karl — são vertiginosamente redobrados na *Homenagem* com outros nomes próprios: Marguerite Duras, Jacques Lacan, Marguerite de Angôuleme (que evoca o seminário A *ética da psicanálise*), Marguerite Anzieu (tese de Lacan), Loewenstein (analista de Lacan). Os abismos que estão na forma do romance para a dor que Lol não pode dizer reaparecem no coração da formalização teórica para mostrar a lógica da fantasia: "Arrebatadora é também a imagem que nos é imposta por essa figura de ferida, exilada das coisas, em que não se ousa tocar, mas que faz de nós sua presa."[2] Nessas poucas linhas se mostra certa vacilação entre sujeito e objeto que não deixa de fazer ressoar as perguntas: Quem arrebata? Quem é o arrebatado? A quem dói? Quem pode aguentar a barra (Jacques Hold? Jacques Lacan?)? Érik Porge diz com precisão:

> Lacan anuncia claramente ali que ele se inclui naquilo que ele decifra; e que ele deve, por conseguinte, contar-se como tal. Essa contagem suscitada pelos equívocos da palavra "arrebatar" assume a forma de um nó. De um nó em que há três. O dois do equívoco implica o três — o de se contar em sua leitura do equívoco.
>
> Nesse sentido, a *Homenagem* não é somente um texto *sobre* o romance de Marguerite Duras, mas um escrito original, *com* o seu texto, sobre o que significa escrever. Ela assume justamente, em si mesma, uma forma de nó. (p. 71)

---

[2]LACAN, J. (1965) Homenagem, feita a Marguerite Duras, com o arrebatamento de Lol V. Stein. In: LACAN, J. *Outros escritos*. Trad. V. Ribeiro. Rio de Janeiro: Editora Zahar, 2003, p. 198.

Talvez, se outro Jacques – nem Hold (a voz do relato), nem Lacan (a voz da *Homenagem*), e sim Derrida (voz que sempre evoca a divisão entre personagem e narrador, *eu* e *ele*) – pudesse entrar em um dos ternários, o de quem neste momento escreve, e dissesse que estão aí, em abismo, as paixões da literatura. Paixão de que ela, a literatura que, por não ter essência, padece e desdobra a figura de ferida, não exilada das coisas, mas numa posição de exterioridade a elas. É essa exterioridade que Érik Porge indica para discernir um movimento de Lacan que não permite que o situemos todo na lógica ternária da fantasia. Com a *prática da letra*, a obra de Marguerite faz *ressoar*, sem rima e sem razão, através das encenações da estrutura da fantasia, do *uso do inconsciente*, o ponto exterior, real. Importante destacar que em mais de um momento Érik Porge deixa claro que não se trata, naquilo que Lacan põe em prática em sua *Homenagem*, de um desdobrar que apenas inclui Lacan nos ternários, mas também de um giro que o exclui:

> Ao atar o seu ternário com o texto de Marguerite Duras, Lacan não redobra a fantasia de Lol, nem se põe em continuidade com ela, mas cria uma distância que o desloca e faz com que ele entre num turbilhão do lado da pulsão e do seu destino possível, a sublimação. Ele o faz graças a esse giro duplo do ternário em que ele se implica; e também porque, ao fazê-lo, estabelece uma conexão (que é uma descontinuidade) do olhar com um outro objeto *a*, a voz. (p. 80)

Fort-da. Lembro o jogo em que o neto de Freud destaca o objeto para dizer que, a meu ver, é a partir desse ponto preciso que se dá o pulo do gato, ou o salto ensaístico, do próprio Érik Porge, pois é no ir e vir de Lacan que ele poderá formular a hipótese de que Lacan realiza em ato a sublimação: "O próprio título, Homenagem, acena nesse sentido, uma vez que remete ao amor do trovador por sua Dama no amor cortês." (p. 80) O autor mostrará, então, giro a giro, como o amor cortês, inseparável de sua "expressão poética", "se emparelha" à história de Lol e à leitura que Lacan faz dela. O caminho que Érik Porge traça nos mostrará como Lacan propõe uma nova definição de sublimação, a partir de uma nova estruturação da pulsão (ela mesma tomada como ficção e montagem); neste caminho o leitor retornará aos seguintes seminários: A *ética da psicanálise*, que ocupa um lugar intransponível para a leitura que se reconstrói aqui, A *identificação, Os quatro conceitos fundamentais da psicanálise, De um Outro ao outro*. Essa nova definição de sublimação, que Érik Porge nos mostra em Lacan, parte do "campo da Coisa" e inclui as invenções da pulsão de morte e do nome do pai.

No penúltimo capítulo, intitulado *Uma carta chega a seu destino*, Porge que, em outro livro também se debruçou demoradamente sobre o tempo lógico, lê no ser a três ou na letra a três um prelúdio das questões em torno da função da letra que Lacan trabalhará em *Lituraterra* e em *O sinthoma*:

> A isso se segue o fato de que o ser a três é suscetível de variedades nodais de letra a três: a de Lol não é a mesma que a do Amâncio da Novela X, ou a de Joyce, ou ainda das cartas a três trocadas entre Rainer Maria Rilke, Boris Pasternak e Marina Tsvetáieva. A cada vez é preciso reconstituir como os nós se fazem e se desfazem. Essa também é uma das lições da *Homenagem*. (p. 143)

Em uma citação preciosa de Lacan, Porge coloca em destaque que a subversão de sentido operada pelo analista não é rumo ao real, mas pelo real, diferença crucial que novamente colocaria a tarefa de refazer os nós, de fornecer pela construção de uma escrita o objeto *a*, lugar de não-ser do sujeito e, através, de um ato elevá-lo à dignidade de Coisa, de letra. Não por acaso, é no final que aparece a questão da pulsão, do analista e da sublimação. É preciso contar três; o livro de Érik Porge tem a dignidade de fazê-lo e relançar o ponto em que cada um terá precisado refazer o lugar do infortúnio, aí onde o olhar se converte em beleza e, não sem alguma sorte, em obra.

Rio de Janeiro, 13 de abril de 2019

Introdução

O analista pode publicar estudos de caso? Por quê? Como? A questão ainda suscita debate e é preciso que se chegue a um entendimento a respeito do que a palavra "caso" designa. Mesmo porque entre um primeiro relato e a sua publicação há uma distância, algo cai. Como, então, tratar esse caso (de *casus*: queda)? Como, desse caso, não fazer pouco caso?

A *Homenagem, feita a Marguerite Duras, com o arrebatamento de Lol V. Stein*[1] ainda conserva, cinquenta anos depois

---

[1] LACAN, J. (1965) Homenagem, feita a Marguerite Duras, com o arrebatamento de Lol V. Stein. In: LACAN, J. *Outros escritos*. Trad. V. Ribeiro. Rio de Janeiro: Editora Zahar, 2003, p. 198-205; tradução modificada. [Cumpre notar que a tradução brasileira dos *Outros escritos* (em que o referido texto está vertido como *Homenagem a Marguerite Duras pelo*

de publicada, toda a sua atualidade. Ela abre uma via cujas implicações passam longe dos desacertos frequentemente encontrados, tais como o ponto de vista psicopatológico, a introdução da vinheta clínica e o recurso à contratransferência. Nessas variedades, aquilo que cai na publicação de casos passa batido, especialmente ao desapossar o sujeito de sua divisão na enunciação. O ponto de vista psicopatológico, ainda que revestido de um vocabulário psicanalítico, aliena o discurso do sujeito numa objetivação em que a sua verdade é traduzida num saber já lá. Ele acomoda o caso em caixinhas. A vinheta clínica pretende-se ilustrativa ao oferecer uma representação compreensível, mas ela tem sobretudo o valor retórico de fazer com que se acredite na garantia de uma realidade vivida — isso quando não serve tão somente aos interesses do analista ou mascara um gozo da clínica. A referência ostensiva à contratransferência (cuja existência não se deve negar) confisca a verdade do sujeito ao deslocá-la para as representações conscientes do analista; ela ignora que a contratransferência não passa de uma forma da transferência cuja determinação encontra-se noutro lugar — no significante terceiro do sujeito suposto saber. A *Homenagem* de Lacan faz com que se escute outra toada. Sustentaremos

---

arrebatamento de Lol V. Stein) suprime, além da cesura marcada pela vírgula, o particípio e o genitivo presentes no original, próprios de uma estrutura francesa que remonta ao medievo: "Hommage *fait* à Marguerite Duras, *du* ravissement de Lol V. Stein" [Homenagem, *feita* a Marguerite Duras, *com o* arrebatamento de Lol V. Stein]. Em razão das consequências tiradas por Érik Porge ao longo deste livro — que, como o leitor poderá ver adiante, não prescindem dos elementos encontrados na estrutura arcaica utilizada por Lacan —, a tradução do título do artigo foi alterada em relação à versão corrente, produzida pela Editora Zahar. (N. de T.)].

que a sua abordagem conduz à problemática da sublimação que não ignora aquilo que cai e que é justamente o caso no intervalo entre o relato primeiro e a sua publicação.

Comecemos refletindo sobre essa noção de "intervalo".

Entrar, ou se entre-mear, no intervalo aberto pela preposição *entre* talvez requeira — caso acreditemos em Platão — certo grau de espírito geométrico[2]. Em todo caso, essa pre-posição coloca o psicanalista no limiar da problemática do sujeito (sua impossível subjetivação) em sua relação com o tempo e com o espaço, isto é, com a cesura da fenda[3] entre o seu aparecimento e o seu desaparecimento (*fading*); entre o significante que o representa e o outro para o qual o primeiro o representa. François Jullien escreve: "O 'entre' não tem 'em-si', não pode existir por si; propriamente falando, o 'entre' não é nada. No mínimo ele é sem qualidade. Como é que se poderia falar dele?"[4].

Não é surpreendente Lacan aconselhar que nos interessemos pelo termo "mesologia"[5]: "O que é que há entre?

---

[2] Parece que no frontão da Academia estava inscrito: "Que não entre aqui quem não tiver o espírito da geometria".
[3] Trata-se de uma referência ao que diz Lacan em 29 de janeiro de 1964: "Reencontramos aqui a estrutura escandida dessa *cesura da fenda* cuja função lhes evoquei da última vez. O aparecimento evanescente se faz entre dois pontos, o inicial e o terminal, desse tempo lógico". Cf. LACAN, J. (1964) *O seminário, livro 11: Os quatro conceitos fundamentais da psicanálise*. Trad. M.D. Magno. Rio de Janeiro: Editora Zahar, 1985, p. 35-36; trad. modificada, grifo meu. (N. de T.)
[4] JULLIEN, F. *L'écart et l'entre*. Paris: Galilée, 2012, p. 51.
[5] Augustin Berque fornece a origem da palavra — através de um aluno de Auguste Comte — e aplica o termo ao estudo do domínio ambiental. Ele frisa que a mesologia opõe-se ao dualismo e implica uma relação ternária. Cf. BERQUE, A. *La mésologie: pourquoi et pour quoi faire?*. Paris: Presses Universitaires de Paris Ouest, 2014.

Entre o que e o quê?... Trata-se de definir o que é *entre*"⁶. Essa indagação se enuncia no momento em que ele está às voltas com a manipulação do nó borromeano e as questões que este suscita, mas já fora tratada por meio da topologia das superfícies, pela identificação do sujeito ao corte de uma banda de Moebius — a saber, ao *entre* vazio de um possível emparelhamento das suas bordas⁷.

A chegada do nó borromeano estende as questões levantadas anteriormente, mas introduz novas coordenadas, em particular aquela que ele chama de *ex-sistência* — ou seja, aquilo que "gira em torno" da consistência dos anéis do nó borromeano e que, nesses intervalos, tem "trinta e seis formas de se atar". E o que é que se passa entre as cordas do nó borromeano; entre os seus momentos de abertura, corte, estiramento e os seus momentos de emparelhamento? A esses intervalos entre os anéis acrescenta-se aquele entre o nó em três dimensões e a sua planificação, em duas. Daí a afirmação de que, "para o ser que fala, ele está sempre, em algum lugar, mal situado *entre* duas e três dimensões"⁸.

Disso resulta o fato de que a abordagem do sujeito se faz a partir de pontos de repuxamento e engastalhamento dos anéis; são eles que determinam o sujeito, e não o próprio sujeito que se os representa:

---

⁶LACAN, J. (1974-1975) *Le séminaire, livre XXII: R.S.I.*, 14 de janeiro de 1975, inédito.
⁷LACAN, J. (1972) O aturdito. In: LACAN, J. *Outros Escritos*. Trad. V. Ribeiro. Rio de Janeiro: Editora Zahar, 2003, p. 448-497.
⁸LACAN, J. (1974-1975) *Le séminaire, livre XXII: R.S.I.*, 14 de janeiro de 1975, inédito.

Elimino totalmente o sujeito que *se* figura, visto que parto da tese de que o sujeito é aquilo que é determinado pela figura em questão; determinado não de uma maneira que seja o seu duplo... mas que é dos *engastalhamentos* do nó — daquilo que, no nó, determina pontos triplos por conta do *cerramento* do nó — que o sujeito se condiciona.[9]

O sujeito é determinado pelo cerramento dos anéis do nó, um cerramento possibilitado pelo *resvalo* (no sentido da física[10]) que eles apresentam no *entre*, o intervalo entre eles. Esses repuxamentos que determinam pontos triplos de engastalhamento implicam o tempo e participam da conjunção do espaço e do tempo que caracteriza o *entre* do sujeito:

> O *ponto de repuxamento* [...] sugere que o espaço implica o tempo; e que o tempo talvez não seja nada além de, justamente, uma sucessão de instantes de contração. Isso, em todo caso, expressaria bastante bem a relação do tempo com essa vigarice que se designa com o nome de "eternidade".[11]

Isso determina o ponto em função de uma pluralidade de dimensões — o que não é o caso em geometria, onde ele é definido como tendo zero dimensão.

---

[9] *Ibid.*, 18 de março de 1975.
[10] O *resvalo* [erre] designa o impulso de algo após a cessação daquilo que o propele. Aplicado aos nós, o termo remete aos seus estiramentos, à sua flexibilidade, à sua dinâmica — todas elas coisas que colocaram Lacan para trabalhar.
[11] LACAN, J. (1973-1974) *Le séminaire, livre XXI: Les non-dupes errent*, 11 de dezembro de 1973, inédito.

O *resvalo* e o *cerramento* ressoam com o R que designa o real. E é justamente disso que se trata, do real do sujeito, na topologia borromeana.

O termo *resvalo* (que também tem um caráter espacial e temporal) foi promovido por Lacan em seu seminário *Les non-dupes errent* [Não besta cai][12], título que conserva o mesmo saber que *Les noms du père* [N(ã)omes do pai], mas não o mesmo sentido[13]. Apoiando-se nessa identidade de saber, mas não de sentido, Lacan opõe bestas que não resvalam a não bestas que resvalam. Feitos de besta por quem? Pela estrutura do desejo inconsciente, da qual Freud, no finalzinho de A *interpretação dos sonhos*[14], diz que repete sempre o mesmo (*zum Ebenbild*), de modo que o futuro é moldado pelo passado. O desejo é *indestrutível* (*unzerstörbar*), ele molda o presente à imagem do passado. A estrutura do desejo se repete (*iterare*) ao se deslocar sobre a linha temporal do passado, do presente e do futuro. Os feitos de besta por essa estrutura não resvalam no sentido de que não caem no erro (*error*). Em contrapartida, aqueles que não são feitos de besta por essa estrutura de repetição consideram as suas vidas como sendo uma viagem (*itinerare*) que vai do passado ao futuro, do nascimento à morte, e resvalam no erro.

---

[12]Chega-se a encontrar esse termo antes; por exemplo, em *As formações do inconsciente*. Ali Lacan fala em "resvalo [*erre*] do desejo, sua excentricidade em relação à satisfação". LACAN, J. (1957-1958) *O seminário, livro 5: as formações do inconsciente*. Trad. V. Ribeiro. Rio de Janeiro: Editora Zahar, 1999, p. 351; trad. modificada.
[13]LACAN, J. (1973-1974) *Le séminaire, livre XXI: Les non-dupes errent*, 13 de novembro de 1973, inédito.
[14]FREUD, S. (1900) *A interpretação dos sonhos*, vol. 2. Trad. R. Zwick. Porto Alegre: L&PM, 2014, p. 648. Lacan retraduz a frase em *Les non-dupes errent*.

A oposição entre bestas que não erram e não bestas que erram parece estar resolvida. O fato é que não é bem assim, e isso por diversas razões. Primeiro, a etimologia de *errar*, que Lacan evoca, mostra-se equívoca, visto que ela é a convergência do erro (*error*) e da repetição (*itinerare*). Além disso — é o próprio Lacan quem diz —, "não basta ser besta para não errar"[15]. Então, pode-se não errar (não cair no erro do não besta) por certo tempo, depois recusar-se a ser besta e resvalar no erro. Lacan cita, a esse respeito, Maupertuis ("Vênus física"[16]), que não foi suficientemente feito de besta pela estrutura para descobrir o mecanismo da fecundação[17]. Lacan não poupa nem a si mesmo[18], nem a Freud[19]. Pode haver também um resvalo tomado num sentido positivo, pelo menos em termos de método. Compelindo o erro a todas as suas consequências, o não-ser-feito-de-besta pode virar ser-feito-de-besta pela estrutura[20]. Nota-se que, aliás,

---

[15] LACAN, J. (1973-1974) *Le séminaire, livre XXI: Les non-dupes errent*, 11 de dezembro de 1973 e 8 de janeiro de 1974, inédito
[16] MAUPERTUIS, P.L. M. de (1745) Vênus física [Trad. M. C. Ramos]. *Scientiæ studia*, vol. 3, n. 1, p. 103-165. São Paulo, 2005. (N. de T.)
[17] LACAN, J. (1974-1975) *Le séminaire, livre XXII: R.S.I.*, 17 de dezembro de 1975, inédito.
[18] *Ibid.*, 18 de fevereiro de 1975.
[19] LACAN, J. (1973-1974) *Le séminaire, livre XXI: Les non-dupes errent*, 20 de novembro de 1973, inédito.
[20] Citemos aqui Henri Michaux, em *Poteaux d'angle*: "Vai até ao fim dos teus erros, pelo menos de alguns, de modo a lhes observar muito bem o tipo. Caso contrário, parando tu a meio caminho, avançarás sempre cegamente, voltando a cometer o mesmo gênero de erros, do princípio ao fim da tua vida, realizando aquilo a que alguns hão de chamar de o teu 'destino'. O inimigo, que é a tua estrutura, força-o a descobrir-se; se não pudesse dobrar teu destino, terás sido apenas um apartamento alugado" [Cf. GHAZARIAN, J. (org.) *O retiro pelo risco: antologia da poética de Henri Michaux*. Trad. J. Henriques. Lisboa: Fenda, 1999, p. 106; trad. modificada. (N. de T.)].

com a manipulação dos nós borromeanos, Lacan reabilita o estatuto heurístico do erro — como *felix culpa*, de certa maneira[21]. Seria uma *errotologia*, diríamos. Bastante tarde, Francis Ponge (1974) também proclamou: "*Errare divinum (est)*"[22]. Por fim, quando Lacan se pergunta "qual é o resvalo da metáfora" — quais são os seus limites, "o máximo admitido de afastamento do sentido, de substituição de um significante por outro" —, é porque existe um resvalo de quem é feito de besta pela estrutura[23].

Mesmo que se tente suspender provisoriamente a ambiguidade — distinguindo a errância como resvalo sem erro da errância com erro —, ela subsistirá, pelo menos por um tempo.

Ao que parece, a ambiguidade trazida pelo resvalo implica que se possa falar, para o sujeito, de um "entre dois resvalos" ou de um resvalo entre dois. Isso repousa na questão do *entre* e levanta uma outra: o *entre* de que se fala para o sujeito é um entre dois ou um entre três?

Se nos referimos ao nó borromeano, o entre *dois* (implicado, por exemplo, nas palavras *between* e *zwischen*[24]) deve

---

[21]LACAN, J. (1974-1975) *Le séminaire, livre XXII: R.S.I.*, 18 de março de 1975, inédito. [Palavras de Santo Agostinho, "O felix culpa" [Ó feliz culpa!] faz alusão às benesses advindas da queda adâmica. (N. de T.)].
[22]PONGE, F. *Pratiques d'écriture*. Paris: Gallimard ("La Pléiade"), t. II, p. 1.016.
[23]LACAN, J. (1974-1975) *Le séminaire, livre XXII: R.S.I.*, 17 de dezembro de 1975, inédito. Cf. a esse respeito o nosso artigo: PORGE, É. (2008) "O resvalo da metáfora" [Trad. V. Veras]. In: N. V. A. Leite; A. Vorcaro (orgs.) *Giros da transmissão em psicanálise: instituição, clínica e arte*. Campinas: Mercado de Letras, 2009, p. 13-43; trad. modificada.
[24]Entre [dois], respectivamente em inglês (*two* → *between*) e em alemão (*zwei* → *zwischen*). (N. de T.)

se contar como um entre *três* repuxamentos. Os capítulos que se seguem mostrarão que o sujeito deve se contar três e que o seu ser (que lhe falta e que ele só encontra num laço com o objeto *a*) deve contar-se como um *ser a três*. O ser a três será o engastalhamento do sujeito entre dois resvalos, o da estrutura do desejo e o da viagem. Mas visto que só contamos dois resvalos, será preciso esclarecer de onde vem o terceiro, a que ele corresponde e por que é necessário.

Contar-se três é o título que já demos, em 1989, ao nosso estudo sobre *O tempo lógico*[25]. Isso nos inspirou mais uma vez[26] para falarmos do extraordinário livro, barroco e delirante, intitulado *Rousseau juge de Jean-Jacques: Dialogues (1772-1776)* [Rousseau, juiz de Jean-Jacques: Diálogos (1772-1776)], que Jean-Jacques Rousseau escreveu após o silêncio pelo qual, segundo ele, a leitura das *Confissões* foi recepcionada. Nesses *Diálogos* o escritor divide-se em três personagens mais um: o francês, Rousseau e um terceiro que não intervém, mas do qual se fala e que é chamado de Jean-Jacques — ele ocupa, a nosso ver, o lugar do sujeito que não pode dizer "eu". O escritor Jean-Jacques Rousseau deve ser contado como quarto.

A fórmula do ser a três também nos pareceu adequada para ler a não menos apaixonante — e apaixonada

---

[25] PORGE, É. *Se compter trois: le temps logique de Jacques Lacan.* Tolouse: érès, 1989 [Em português: *Psicanálise e tempo: o tempo lógico de Lacan.* Trad. D. D. Estrada. Rio de Janeiro: Cia de Freud, 1998. Cf. também: LACAN, J. (1945) O tempo lógico e a asserção de certeza antecipada. In: LACAN, J. (1966) *Escritos.* Trad. V. Ribeiro. Rio de Janeiro: Editora Zahar, 1998, p. 197-213. (N. de T.)].
[26] PORGE, É., Jean-Jacques Rousseau: rever l'oubli. La démémoration, *Revue du Littoral*, n. 38. Paris: EPEL, novembro de 1933.

— correspondência entre Rainer Maria Rilke, Boris Pasternak e Marina Tsvietáieva[27]. É uma correspondência que configura uma obra, sua compilação tendo sido desejada por Tsvietáieva ainda em vida. Ela durou apenas alguns meses (de março a dezembro de 1926), sendo interrompida pela morte de Rilke. Os três poetas, residindo em três países diferentes, não se encontraram no período de sua troca de missivas a três contendo três línguas faladas (russo, alemão e francês). A poesia era promovida por eles três como uma língua à parte, na qual habitavam. "Nenhuma língua é língua materna. Escrever poemas é escrever segundo"[28]. O desafio dessa correspondência era justamente chegar a uma união mística do amor à distância e da criação poética, ou seja, achar uma identificação comum — "Rainer, chamo-me d'outro jeito: tudo o que tu és, tudo o que tu é", escreveu Marina a Rainer em 22 de agosto de 1926 —, para além do eu: uma identificação à letra poética como tal. O envio de cartas era sempre defasado, considerando os tempos de deslocamento entre os diferentes países (França, Suíça, Rússia, Alemanha), o que majorava o caráter de urgência e a incandescência dessa correspondência.

O atamento do *ser a três* que os três poetas realizaram é seguramente diferente daquele realizado por Rousseau com a publicação de seu livro, assim como o de *O tempo lógico*. Por isso, pareceu-nos necessário retornar ao texto-fonte onde a fórmula nasceu, a saber: *Homenagem, feita a Marguerite Duras, com o arrebatamento de Lol V. Stein*.

---

[27]RILKE, R. M.; PASTERNAK, B.; TSVÉTAÏEVA, M. *Correspondance à trois*. Paris: Gallimard, 1983.
[28]Carta de Marina Tsvietáieva (*Correspondance à trois, op. cit.*, p. 211).

A densidade desse texto nos deteve por ele próprio e pela posição crucial que cumpre reconhecer a ele na obra de Lacan.

Lembremos que o romance de Marguerite Duras é publicado em 1964 e é em 23 de janeiro de 1965 que Lacan, em seu seminário *Problèmes cruciaux pour la psychanalyse* [Problemas cruciais para a psicanálise] fala dele em público pela primeira vez, dando a palavra a Michèle Montrelay. Em dezembro de 1965 ele publica a sua *Homenagem* nos *Cahiers Renaud-Barrault*[29]. Nesse meio tempo terá tido uma longa conversa com Marguerite Duras, para falar com ela sobre o seu livro. Ela relatou o acontecido numa entrevista aos *Cahiers du cinema*:

> DURAS: [...] é tudo o que Lacan diz sobre a palavra "*Stein*".
>
> RIVETTE: Com seu sentido alemão, também, de "pedra"...
>
> DURAS: Sim. "Lol V. Stein: asas de papel...; V., tesoura; Stein, a pedra". Teve um dia que ele marcou de se encontrar comigo, à meia-noite, num bar... Lacan. Me deu foi medo. Num subsolo. Era pra me falar de "Lol V. Stein". Ele me disse que era um delírio *clinicamente* perfeito. Começou a me indagar. Foram duas horas. Saí de lá meio cambaleante.[30]

Não se deve negligenciar que um dos interesses de Lacan por esse texto residia no fato de se tratar de um caso de

---

[29] LACAN, J. Hommage fait à Marguerite Duras, du Ravissement de Lol V. Stein, *Cahiers Renaud-Barrault*, n. 52. Paris: Gallimard, dezembro de 1965, p. 7-15. (N. de T.)

[30] DURAS, M. La destruction de la parole, *Cahiers du cinema*, n. 217. Paris, novembro de 1969, p. 56.

loucura; e de loucura feminina, inclusive. Foi outra Margarida (Marguerite Anzieu) — chamada de "Aimée" — que foi para ele o caso em sua tese de medicina[31], e isso o levou à psicanálise. Sucedeu-lhe um novo estudo sobre um caso de loucura feminina, o da loucura a dois das irmãs Papin[32]. Ademais, em todos esses casos, a questão da loucura está entrelaçada com a do amor. O caso de Lol inscreve-se numa sequência que está ligada à importância do interesse pelo amor e pela loucura feminina no engajamento de Lacan com a psicanálise — com a novidade de que, no que concerne a Lol, Lacan já é psicanalista.

A expressão "ser a três", com a qual ele aborda a personagem de Lol, remete ao estabelecimento de vários ternários pelos quais ela é determinada e que recensearemos aqui. Sua dinâmica convoca o objeto topológico chamado de *plano projetivo* (ou *cross-cap*), o qual Lacan identifica ao olhar — particularmente invasivo no romance de Marguerite Duras. Não se trata, contudo, para Lacan, de fazer com que a pluralidade dos olhares entre num jogo intersubjetivo, mas de fazer do olhar o ser do sujeito de Lol, o "ser três" da realização da sua fantasia, cujo nó se faz e se desfaz. Para compreender a dinâmica da evolução de Lol em relação à sua

---

[31]LACAN, J. (1932) *Da psicose paranoica e suas relações com a personalidade*. Trad. A. Menezes; M. A. Coutinho Jorge; P. M. Silveira Jr. Rio de Janeiro: Forense Universitária, 1987.

[32]LACAN, J. Motifs du crime paranoïaque: le crime des sœurs Papin, *Minotaure*, n. 3/4, 1933, p. 25-28. Publicado como: Motivos do crime paranoico: o crime das irmãs Papin. In: *Da psicose paranoica e suas relações com a personalidade*, op. cit., p. 381- 390. Cf. também: DUPRÉ, F. (pseud.), *La "solution" du passage à l'acte: le double crime des sœurs Papin*. Toulouse: érès, 1984.

fantasia, seremos levados a fazer um desvio por *As meninas*, de Velázquez. A transformação do esquema geométrico (chamado de "geometria projetiva") da perspectiva em plano projetivo, assim como o seu inverso, vão nos mostrar como a elisão do olhar no quadro de Velázquez faltou a Lol. Ligando a dinâmica da fantasia à do plano projetivo, Lacan mata dois coelhos com uma pedrada só: permite explicitar a função da topologia, ao articular seu espaço a uma dinâmica temporal, e efetua uma leitura das transformações de Lol no romance.

Todavia, a *Homenagem* não se reduz ao estudo do caso de Lol, por mais que ele seja a manchete. Ela implica a própria inclusão de Lacan no texto por meio de um ternário suplementar que o coloca em relação com o texto que ele comenta (*O arrebatamento de Lol V. Stein*[33]) e com a sua autora (Marguerite Duras)[34]. Ele realiza, assim, um retorno sobre a sua própria leitura. Nesse *re-torno* — duplo enganchamento[35] topológico —, Lacan inscreve um ponto de fuga representado por Margarida, Margarida de Navarra, autora de *O heptamerão*, cuja "mão ele segurou no invisível" durante o seu seminário *A ética da psicanálise*[36]; ponto de fuga que lhe permite introduzir a problemática da sublimação como o que

---

[33]Na tradução brasileira: *O deslumbramento*. Trad. A. M. Falcão. Rio de Janeiro: Nova Fronteira, 1986. (N. de T.)

[34]Catherine Millot fala, com razão, em "ponto de enunciação" de Lacan na sua *Homenagem*. Cf. MILLOT, C. *La logique et l'amour et autres textes*. Nantes: Éditions Cécile Defaut, 2015, p. 115.

[35]No francês, *boucle* (também "fecho", "argola", "fivela"). Aqui, devido ao uso de que faz o autor ao longo do livro, optamos por verter por "gancho" e seus derivados (enganchamento, enganchado etc.). (N. de T.)

[36]Cf. LACAN, J. (1965) Homenagem, feita a Marguerite Duras, com o arrebatamento de Lol V. Stein. In: LACAN, J. *Outros escritos*. Trad. V. Ribeiro. Rio de Janeiro: Editora Zahar, 2003, p. 203. (N. de T.)

eleva um objeto à dignidade da Coisa. Voltaremos, então, à nova forma de Lacan abordar a sublimação, particularmente quando se refere ao amor cortês — a Dama entrando no lugar da Coisa —, em relação ao qual ele situa o amor em *Lol V. Stein*. Deslocando-se sobre o terreno da sublimação, Lacan faz mais que discorrer *sobre* a sublimação: realiza, ele próprio, um ato de sublimação. Isso sobressai particularmente na citação feita por ele da Novela X de *O heptamerão*, que espelha *Lol V. Stein*; ela tem uma função de anamorfose, essa transformação que a perspectiva é capaz de engendrar.

Com isso, surge a questão a respeito daquilo que cumpre função de objeto para Lacan na sublimação que ele opera com a sua *Homenagem*. Guiados pela menção ao texto de *Lol V. Stein* no ternário em que se inclui Marguerite Duras, concluiremos que esse objeto é a letra como tal, tomada no turbilhonante circuito da pulsão invocante. Para nós isso constituirá a passagem do *ser a três* da fantasia, tal como Lol pode realizá-la, à *letra a três* — provisão de significante que, atribuída a uma fonte pulsional, serve de borda para o furo da pulsão que se destina à sublimação e encerra o vazio da Coisa.

Algumas evocações sobre
o desenrolar do relato
O arrebatamento de Lol V. Stein,
de Marguerite Duras[1]

Não se trata de resumir o romance — o que seria contraditório com o seu modo de escrita — nem de fazer dele um estudo literário, mas simplesmente de evocar alguns elementos a fim de facilitar a leitura do que vem a seguir.

Os personagens

Lola Valérie Stein

Fica noiva de Michael Richardson aos 19 anos, ele com 25. Quando Michael Richardson a deixa — na cena do baile em T. Beach, no Cassino Municipal, durante

---

[1] DURAS, M. *Le ravissement de Lol V. Stein*. Paris: Gallimard ("Folio"), 1964. Nossas citações remeterão a essa edição.

as férias ao final do colégio —, eles estão noivos há seis meses. O romance começa com a evocação dessa separação. Lol vai se casar, em seguida, com Jean Bedford, com quem terá três filhos. Sua mãe morre durante o período do romance, após o casamento da filha com Jean Bedford. Seu pai havia morrido — era de origem alemã e professor universitário de história. Ela tem um irmão nove anos mais velho que vive em Paris, do qual não se ouve falar. Lol deixa sua cidade natal, S. Thala, algum tempo depois do seu casamento e vai se instalar em U. Bridge por dez anos. Então retorna a S. Thala. Tem também uma governanta, que ela conhece nessa cidade.

Jean Bedford

Lol o conheceu em S. Thala, depois de se separar de Michael Richardson. Ele é violinista e concertista.

Michael Richardson

Filho único de grandes proprietários de terra dos arredores de T. Beach, "ele não fazia nada". Está com 25 anos quando conhece Lol, numa manhã no tênis. Noivo de Lol, deixa-a por Anne-Marie Stretter. Em seguida ficamos sabendo que ele vai para a Índia para se encontrar com Anne-Marie Stretter, após ter vendido suas propriedades. Lol ainda está em S. Thala naquele momento.

Anne-Marie Stretter

É mulher do cônsul da França em Calcutá. Tem uma filha. Nunca deixará o marido.

Tatiana Karl

Amiga de infância de Lol, já achava que lhe faltava algo "para estar presente". Mora no sul de S. Thala, perto de T. Beach. Ficou por lá durante a ausência de Lol. Tem a mesma idade que ela. Casou-se com Pierre Beugner e é amante de Jacques Hold. Sua mãe, a Sra. Karl, é mencionada.

Jacques Hold

É o narrador do romance, do qual é também personagem — mas só ficamos sabendo disso depois de vários capítulos, quando Lol retorna a S. Thala. Ele está lá há um ano. É nesse momento que eles se conhecem e o relato do narrador se inicia. Ele é médico no serviço de Pierre Beugner no hospital distrital; é amante de Tatiana Karl e também se torna amante de Lol.

Pierre Beugner

Médico, ele dirige o serviço no qual Jacques Hold trabalha e está casado com Tatiana Karl há oito anos.

Vários nomes de personagem encontram-se noutros romances de Marguerite Duras.

Os lugares

Nenhum lugar corresponde a uma cidade real, identificável num mapa geográfico — exceto Paris, onde vive um irmão de Lol, mas não se fala mais a respeito disso. Entretanto, esses nomes de lugar não surgem como completamente imaginários e têm ressonâncias com lugares reais, que não ficam na França (há um Thala Beach Lodge na Austrália e a cidade de Thala na Tunísia). Isso é bem do estilo de Marguerite Duras, que desconstrói as identidades individuais e borra as referências espaciais e temporais. Os lugares também constituem personagens do romance; ou melhor, a escrita deles torna-se um personagem suplementar. Ou ainda: o lugar da escrita — a escrita como lugar — deve ser contado como um *a mais*.

O Cassino Municipal de T. Beach

Ali ocorre a cena do baile onde Michael Richardson conhece Anne-Marie Stretter e vai embora com ela. Fica perto de S. Thala.

O hotel de T. Beach

Próximo ao Cassino Municipal. Jacques Hold leva Lol a T. Beach para uma viagem pela memória. É ali, no final do romance, que Lol descompensa.

S. Thala

A cidade natal de Lol. Ela a deixa por dez anos depois do baile no Cassino Municipal. É ao voltar ali que conhece Jacques Hold, que está na cidade há apenas um ano. Ela retorna à sua casa natal.

U. Bridge

A cidade onde Lol vive com o marido e os filhos por dez anos, antes de voltar para S. Thala.

O Hôtel des Bois

Fica em S. Thala. Esse hotel tem "má reputação, ele é o único em que os casais da cidade podem ir com total segurança". É o último número do Boulevard des Bois. "Lol conhece esse hotel por tê-lo frequentado na juventude com Michael Richardson". Foi ali que ele "lhe havia feito a sua jura de amor" e foi dali que ela saiu para ir ao baile de T. Beach. Quando, tendo voltado a S. Thala, Lol avista Jacques Hold na rua e o segue, é ali que ela se encontra e que, agachada num campo de centeio, observa o casal, Jacques Hold e Tatiana Karl, que aparece na janela — Tatiana nua em sua cabeleira negra.

Green Town

Fica a uma hora de S. Thala.

A trama do relato

O romance de Marguerite Duras é composto de dezoito capítulos, bastante curtos, que não são nem numerados nem intitulados.

O livro começa com o relato da cena do baile no Cassino Municipal de T. Beach, perto de S. Thala, no decorrer da qual Lol tem o seu amante, Michael Richardson (MR), "roubado" por Anne-Marie Stretter (AMS). Ela chega à pista de dança e MR sente-se atraído; eles não se deixam. Lol assiste a isso, imóvel, detrás das plantas verdes. Tatiana segura-lhe a mão. De manhãzinha, MR e AMS vão embora sem dizer nada. Lol grita, faz súplicas a MR, e desmaia. É uma cena traumática na qual o narrador diz que Lol reage com "uma estranha omissão de sua dor". O romance é *co(mo)memoração*, poderíamos dizer; ou uma "memória sem lembrança", segundo Claude Burgelin. Algo se desata para Lol, ou se ata de outro modo. Ela é "arrebatada", nos dois sentidos do termo. Segue-se um período de loucura do qual, mais ou menos, ela se recompõe.

Em seguida ela conhece Jean Bedford, com quem se casa e parte para U. Bridge por dez anos, ao cabo dos quais retorna a S. Thala para a casa da sua família. Ela passa muito tempo errando pelas ruas e certo dia "reconhece" — por já tê-lo visto passar — um homem, que é associado a Michael Richardson. Ela o segue escondido. Descobre que ele se encontra com uma mulher que é justamente uma amiga sua de infância, Tatiana. Segue-os até o Hôtel des Bois e, de fora, sem ser vista, observa-os aparecendo na janela iluminada (Tatiana "nua em sua cabeleira negra"). Dirigindo-se à Sra. Karl, procura e acha o endereço de Tatiana, de quem não tinha notícia desde que havia ido embora de S. Thala. Sua amiga está casada com Pierre Beugner. Ela visita o casal e Tatiana apresenta-lhe Jacques Hold, que é assistente de seu marido — e o amante de Tatiana que ela seguira. O leitor fica sabendo então que Jacques Hold é o narrador da história.

Lol convida Tatiana, seu marido e Jacques Hold para irem à casa dela e de Jean Bedford. Múltiplos jogos de olhares e muitos não ditos entre os personagens. Lol aproxima-se de Jacques Hold, eles se beijam e ela lhe confessa tê-los seguido, Tatiana e ele. Mas ela não quer, sobretudo, que ele deixe Tatiana.

De novo, noutra noite, ela segue Jacques Hold e Tatiana, que se encontram no Hôtel des Bois. Dessa vez Jacques Hold percebe a sua presença pela janela e acredita que ela se viu sendo vista, o que provoca nele uma comoção violenta. Tatiana, de sua parte, não a vê. Ele "possui" Tatiana sem piedade, como uma oferenda para Lol.

Jacques Hold procura Lol, eles se reveem. A sombra da loucura paira no relato. Há um novo jantar na casa de Lol, com outros amigos. O trio — Jacques Hold, Tatiana e Lol — ganha consistência; eles dançam juntos. Lol quer ver Tatiana e Jacques Hold juntos. É insuportável para Tatiana. Ela acha que Jacques Hold está interessado demais em Lol e fica com ciúmes e mal-estar por sentir-se objeto de oferenda a Lol.

Terceira noite de Jacques Hold e Tatiana no Hôtel des Bois: Jacques Hold não faz amor com Tatiana; ela fica enraivecida e chama Lol de "doida".

Jacques Hold e Lol decidem retornar a T. Beach, ao Cassino, para reencontrarem ou criarem uma lembrança. Eles dormem na praia, depois vão para o hotel próximo. Uma sombria tristeza se abate sobre Lol. Jacques Hold a despe, ela permanece imóvel e uma crise de perseguição se desencadeia. Eles retornam para S. Thala. O romance se consuma com o adormecer de Lol no campo de centeio em frente ao Hôtel des Bois.

Os ternários de Lol V. Stein

Lacan aborda o "arrebatamento de Lol V. Stein" partindo do seu próprio arrebatamento associado ao equívoco da palavra, e ele nos propõe uma interpretação de Lol que se organiza em torno de um "nó" de três termos que se faz e se desfaz:

> A cena da qual o romance inteiro não passa de uma rememoração é, propriamente, o arrebatamento dos dois numa dança que os solda sob o olhar de Lol, terceira, com todo o baile, sofrendo aí o rapto de seu noivo por aquela que só precisou aparecer subitamente. [...] Não é o acontecimento, mas um nó que se refaz ali. E aquilo que esse nó encerra é o que propriamente arrebata — porém, aqui novamente, a quem?[1]

---

[1] LACAN, J. (1965) Homenagem, feita a Marguerite Duras, com o arrebatamento de Lol V. Stein. In: LACAN, J. *Outros escritos*. Trad. V. Ribeiro. Rio de Janeiro: Editora Zahar, 2003, p. 199; trad. modificada (N. de T.)

Vários níveis de ternários entrelaçam-se e concorrem para definir um *ser a três*, realizando a fantasia de Lol — logo, o suporte de uma identificação ligada ao desejo.

No romance, a identificação dos personagens faz-se em função dos desejos e das fantasias nas quais eles são tomados e que os agem. Isso não é explicitado e formulado como tal numa narração que caracterizaria os personagens independentemente das suas relações, mas emerge da escrita e do próprio estilo de Marguerite Duras, que desconstrói a identidade de seus personagens ao fazer com que os seus discursos se fusionem, até mesmo furando-os e esmorecendo as suas referências espaciotemporais — dando ao relato uma realidade de Outra cena tangente ao sonho, à fantasia, à loucura, como bem mostrou Claude Burgelin[2].

As relações entre os personagens do relato delineiam uma trama ternária que vem significar uma triangulação fantasística estrutural do desejo e da identificação que nele se sustenta. A própria Marguerite Duras, falando de Lol, considera que "sempre pensou que o amor se fazia a três"[3].

Dentre os ternários das suas relações com os outros personagens do relato Lacan só retém dois para Lol, acrescentando um terceiro — que inclui ele próprio. Falaremos

---

[2]BURGELIN, C. *Les mal nommés*. Paris: Le Seuil, 2012, p. 126-ss.
[3]DURAS, M. *La passion suspendue: entretiens avec Leopoldina Pallotta della Torre*. Paris: Le Seuil, 2013, p. 76. Vários autores evidenciaram relações ternárias, mas nenhum da maneira como fez Lacan: por exemplo, Laurence Bougault, em "Incipit du *Ravissement de Lol V. Stein* de Marguerite Duras: reflet d'un roman anti-narratif" — texto disponível na Internet. A autora fala das seguintes triangulações: originária (L. V. Stein, M. Richardson, A.-M. Stretter), catalítica (H. Karl, P. Bugner, J. Hold) e anamnésica (H. Karl, J. Hold, L.V. Stein).

disso mais tarde. O primeiro ternário é aquele composto por Lol – Anne-Marie Stretter – Michael Richardson e se forma na cena inaugural do baile no Cassino de T. Beach. O segundo é composto por Lol – Tatiana Karl – Jacques Hold e se forma no Hôtel des Bois de S. Thala. Esses dois ternários fazem-se e desfazem-se em três cenas principais: a do baile, a do Hôtel des Bois e a final, do hotel em T. Beach. Contrariamente ao que se poderia pensar, sobretudo com a analogia do ternário dos personagens de "A carta roubada", de Edgar Poe[4], Lacan descarta a ideia de que se trata de uma repetição do evento e fala, no lugar disso, de um nó que se refaz; e isso sem precisar, aliás, se se trata ou não do mesmo — o que para nós continua sendo uma questão.

Ademais, Lacan projeta o ternário das relações sobre o do nome próprio: *Lol* (para Lola), *V.* (para Valérie), *Stein*; ou seja, três partes das quais duas são furadas, esvaziadas de uma ou várias letras — como, aliás, os nomes de lugar. "Tatiana Karl", ao contrário de "Lol", contém quatro a's no seu nome. O ternário do ser a três vale como uma metáfora do nome de Lol, o que traz a questão da sua relação com o seu nome como um nome que não chega a nomeá-la — o que talvez os vazios signifiquem. Assinalemos também que, em inglês, língua bem presente no romance, Lol consoa com o verbo *to lull* (ninar), *a lullaby* sendo uma canção de ninar — algo de que Lol talvez tenha carecido. Pode-se também escutar *Love* no nome de *Lol V*. De igual maneira, o nome de Jacques Hold não parece escolhido ao acaso: ele sustenta (*hold*) Lol, mas o seu *holding* é um fracasso, é um "doiding".

---

[4]POE, E. A., *A carta roubada e outras histórias de crime e mistério*. Trad. W. Lagos. São Paulo: L&PM, 2005. (N. de T.)

Lacan não se detém nessa substituição do nome pelo ser a três do ternário; ele o faz corresponder às três partes de um nó que se pode qualificar — ulteriormente à *Homenagem* — como "borromeano", na medida em que elas equivalem às três partes do jogo do jokempô: papel, tesoura e pedra. Lol é o papel (as asas de papel), conforme a homofonia com o "L"[5]; "V" é a tesoura, conforme a grafia da letra; "Stein" é a pedra, conforme a tradução do seu sobrenome, de origem alemã. No jokempô há uma circularidade borromeana, pois cada um dos três termos só fica em posição dominante em relação aos outros dois, cada qual superando o outro que é superado pelo terceiro. Eis aqui uma planificação:

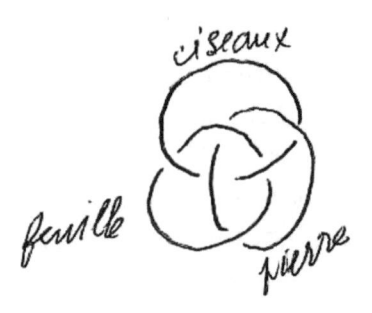

Figura 1. Nó borromeano do jokempô

Lacan já havia feito referência ao jokempô, algumas sessões antes de falar de Lol V. Stein, no seu seminário *Problemas cruciais para a psicanálise* (logo, bem antes da descoberta do nó borromeano); e ali também havia tomado como suporte a articulação de três termos que ele punha em relação: o saber,

---

[5]Em francês, "asa" [*aile*] e o nome da letra "L" [*èle/elle*] são homófonos. (N. de T.)

a verdade, o sexo[6]: "Como no jogo do jokempô, da *morra*, onde tesoura, pedra e papel ganham um do outro...".

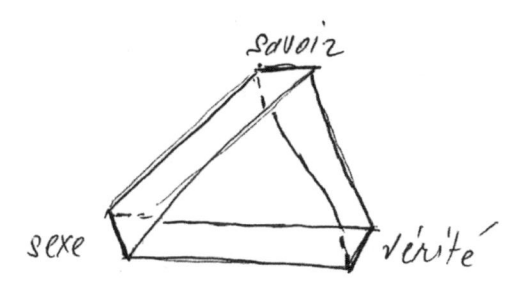

savoir

sexe   *vérité*

Figura 2

Essa articulação já é claramente topológica, pois situa esses três termos nas dobras de uma banda de Moebius.

Por que esses três termos? Que correspondências — algo que Lacan não faz — poderíamos estabelecer neste momento? Por exemplo, poderíamos dizer que o sexo corresponde à tesoura (a castração); o sujeito, ao papel (a superfície do significante em rede que o determina); e a pedra, a um saber do objeto *a*, que cai. Essas correspondências nos esclarecem a respeito de Lol? Seria preciso identificar mais precisamente as funções do saber e do sexo para ela, mas daqui em diante pode-se supor que o nó entre esses três termos que a *cerram* não é estritamente borromeano por conta da preeminência do objeto *a*, "olhar", como veremos. Poderíamos dizer que, no caso dela, a pedra permaneceu prisioneira do papel que a circunda e resiste à tesoura?

---

[6]LACAN, J. (1964-1965) *Le séminaire, livre XII: Problèmes cruciaux pour la psicanálise*, sessões de 19 de maio e de 9 de junho de 1965, inédito.

Seja como for, vale a pena notar que o título do seminário de Lacan de 1976-77, *L'insu que sait de l'une-bévue s'aile à mourre* (segundo uma das ortografias possíveis), retoma os termos "saber" (*sait*), "sujeito" (*l'insu*) e "sexo" (*l'amour*), referindo-se de novo ao jokempô[7], numa frase equívoca, propondo uma articulação em vários níveis. Poderíamos, então, também pôr os ternários de Lol à prova dessa articulação.

É preciso, com efeito, falar dos ternários de Lol no plural, visto que há o das relações que ela tece com os personagens do romance; o do seu nome próprio; o do jokempô e o da articulação topológica saber – verdade – sexo, que acrescentamos sob a forma de pergunta. A façanha de Lacan, na sua *Homenagem*, consiste em condensar vários ternários num mesmo nó. Seria preciso poder lê-los sincronicamente, mas sua apresentação pela fala exige a diacronia. Sua sincronia é prestada pelo estilo de Lacan, no qual eles estão implícitos.

Nas palavras de Lacan, eles formam um "nó", o do *ser a três*. A que ele corresponde? Esse nó é o da *realização da fantasia* de Lol, responde Lacan. Dito de outro modo, é o nó dos três elementos da fantasia ($S \lozenge a$) cuja fórmula ele nunca escreve, mas que opera em sua leitura. Essa fórmula, ela própria, é um ternário e constitui a redução estrutural de cada um dos quatro outros ternários.

O sujeito é levado a se contar três na fantasia. Ela se realiza nas relações ternárias dos personagens pegos no jogo do

---

[7] *La mourre* [a morra, o jokempô] e *l'amour* [o amor] são sintagmas homófonos. (N. de T.)

amor, que é também o do jokempô, com os engodos inerentes às relações do eu com a imagem do outro (i(a)) que revestem o objeto *a*. Revestimento que, justamente, fraqueja no caso de Lol — daí a invasão do olhar.

Para deslindar de forma mais literal e dinâmica a estrutura da fantasia e as suas transformações no caso de Lol, é importante dar um passo a mais precisando a figura topológica que lhe corresponde e que, no seu texto, Lacan chama de "nó": "É um nó engraçado", diz ele. Lacan não dá nome a essa figura e não teria como se tratar do nó borromeano, que ele só descobrirá mais tarde. Fala desse nó como uma superfície, que ele também não nomeia, assim como não se explica a respeito da equivalência (ou da transformação) que ele faz entre nó e superfície. Hoje sabemos que é um ponto que ele vai retomar muito mais tarde nos seus últimos seminários, mas em 1965 não fala nada disso.

Lacan não nomeia a superfície que ele chama de "nó", mas as indicações que ele dá são suficientes para que se reconheça ali o *cross-cap* ou plano projetivo, objeto topológico que ele já teve a oportunidade de apresentar longamente em seus seminários anteriores — particularmente em A *identificação*, em 1960 e 1961. Assim Lacan faz do *cross-cap* a referência do objeto em causa na fantasia de Lol, e esse objeto é claramente designado como sendo o olhar. É justamente em Problèmes cruciaux pour la psychanalyse que ele faz com que os quatro objetos *a* equivalham às quatro superfícies topológicas com as quais ele trabalha: a esfera, o toro, o *cross-cap* e a garrafa de Klein. Sem que ele o diga explicitamente, pode-se deduzir que o *cross-cap* "reflete" a estrutura do olhar; e a garrafa de Klein, a da voz. Ele evocará essas correspondências três anos depois, em seu seminário *De um Outro ao outro*[8].

Como observaram diversos comentadores, e Marguerite Duras é a primeira a assinalar, o olhar está particularmente presente — sendo até mesmo invasivo — no romance[9]. Escrevendo-o como "objeto *a*", Lacan atribui-lhe uma função que ninguém havia articulado antes. O olhar não é, para ele, o suporte de relações ditas "intersubjetivas" entre os personagens que "trocariam" olhares, mas constitui, como tal, o sujeito na realização da fantasia; e ele não se troca, pois é, já de início, um objeto perdido. "Não se enganem, sobretudo, a respeito do lugar do olhar aqui. Não é Lol quem olha, até mesmo porque ela nada vê. Ela não é o *voyeur*. O que acontece a realiza"[10].

É no objeto *a* que o sujeito pode designar o seu ser, que é, ao mesmo tempo, a sua falta a ser. O sujeito, por ele próprio, não tem ser. Ele é *falasser*, pura suposição (*sub-jectum*) entre dois significantes, representado por um significante para um outro significante. É um lugar vazio. A instituição do sujeito é sua destituição. Se ele quer se nomear — e ele quer;

---

[8]LACAN, J. (1968-1969) *O seminário, livro 16: De um Outro ao outro*. Trad. V. Ribeiro. Rio de Janeiro: Editora Zahar, 2008, p. 241: "Tal como efetivamente funcionam nas relações engendradas entre o sujeito e o Outro no real, os quatro objetos refletem um por um as quatro estruturas".
[9]Cf. DURAS, M. *La passion suspendue: entretiens avec Leopoldina Pallotta della Torre*. Paris: Le Seuil, 2013. Cf. também: M. FOUCAULT, M. Sobre Marguerite Duras (entrevista com H. Cixous). In: *Ditos e escritos*, vol. 3 [Estética: literatura e pintura, música e cinema], 2ª ed., Rio de Janeiro: Forense Universitária, 2009, p. 356-365.
[10]LACAN, J. (1965) Homenagem, feita a Marguerite Duras, com o arrebatamento de Lol V. Stein. In: LACAN, J. *Outros escritos*. Trad. V. Ribeiro. Rio de Janeiro: Editora Zahar, 2003, p. 202; trad. modificada. (N. de T.)

ou demanda, pelo menos, visto que é um sujeito falante, um sujeito de desejo —, encontra uma falha de nomeação, um momento de *fading*. É nessa nomeação fraquejante que ele se ata (o que representa o punção ◊ na fórmula da fantasia) ao objeto *a*, que suplementa essa "nomeação fraquejante". Ata-se a ele em razão de homologias de estrutura: em particular, do lado do significante, a sua descontinuidade; e, do lado do objeto, o seu caráter cedível — o corte que ele instaura e do qual ele é produto. Nenhuma adequação do sujeito ao objeto deve ser esperada, e menos ainda um conhecimento da sua relação, mas a prova de uma falta (o sujeito do significante) ligada a uma perda (o objeto inicialmente perdido).

Há um sujeito de antes da nomeação, um sujeito mítico do gozo que só advém na fantasia na ulterioridade de sua anexação ao objeto *a*, ele próprio objeto caído de uma operação de separação de gozo — daí a sua qualificação equívoca de "*plus de jouir*" [(ja)mais gozar], que é também um falta a gozar.

A propósito de Lol Lacan diz, em *Problèmes cruciaux pour la psychanalyse*, que o único sujeito é o objeto caído, que é o puro olhar. É um "farrapo do ser", como ele também diz[11]. Na *Homenagem* ele fala do olhar como "objeto puro"[12].

---

[11]LACAN, J (1964-1965) *Le séminaire, livre XII: Problèmes cruciaux pour la psicanálise*, sessão de 16 de junho de 1965, inédito.
[12]LACAN, J. (1965) Homenagem, feita a Marguerite Duras, com o arrebatamento de Lol V. Stein. In: LACAN, J. *Outros escritos*. Trad. V. Ribeiro. Rio de Janeiro: Editora Zahar, 2003, p. 202. (N. de T.)

A lição das *Meninas* de Velázquez

O conselho de Lacan sobre não se enganar quanto ao lugar do olhar no caso de Lol nos levou a ler a *Homenagem* ao mesmo tempo em que seu comentário das *Meninas* de Velázquez, nas sessões de maio de 1966 do seu seminário *L'objet de la psychanalyse* [O objeto da psicanálise], mesmo porque os dois são quase contemporâneos.

Nesse quadro que fisga o olhar do espectador, Velázquez pinta-se pintando. A presença do quadro coloca em ação a função própria do olhar ao mesmo tempo em que a representa no quadro. Essa função distingue-se da função da visão, em seu ato de separação desta. É uma função de elisão que é notadamente representada pelo fato de os personagens do quadro não se olharem entre si (exceto Maria Augustina de Sarmiento, que olha a infanta); de o olhar de Velázquez estar, ele próprio, voltado para um espaço cujas linhas encontram-se no infinito; de a visão sobre a tela virada nos ser furtada, se é que há algo pintado ali... Tudo aponta para uma revogação da visão ao mesmo tempo em que uma solicitação do nosso olhar. Visão e olhar disjuntam-se — como, aliás, os cegos nos fazem pressentir. É também esse o caso em *Lol V. Stein*, onde os personagens se olham, mas sem que pareçam ver-se verdadeiramente. O olhar, em Lol, escreve Marguerite Duras, "alojava-se em toda a superfície dos olhos, ele era difícil de captar".

A visão, como tal, remete ao especular, ao passo que o olhar remete àquilo que, no visível, escapa ao visível e constitui o objeto *a*; é ele quem entra na formação da fantasia como sustentáculo do desejo. A apresentação de uma distinção entre o olhar e a visão é comum às *Meninas* e ao romance de Marguerite Duras: graças a esse meio, eles engendram uma realização de fantasia — para Lol, de um lado; para o espectador das *Meninas*, de outro.

A construção da elaboradíssima perspectiva das *Meninas* concorre para produzir a elisão do olhar, fundamentando a elevação desse objeto ao estatuto de objeto *a* — não especular, por definição. Em todo quadro há elisão do olhar, tanto o do pintor quanto aquele de onde o espectador é olhado pelo quadro. Essa problemática é o tema das *Meninas*, o quadro a coloca em ato.

A topologia entra em jogo nesse nível e vem revelar o implícito da geometria projetiva com a qual o quadro é construído. A topologia, isto é: uma geometria flexível, de borracha, baseada não em relações quantitativas, métricas, mas em propriedades qualitativas de relações, de vizinhança, que identificam figuras em função de deformações contínuas, sem corte ou recobrimento. Um círculo equivale topologicamente a um quadrado. É por isso que procederemos à transformação do esquema geométrico da perspectiva — chamado de "geometria projetiva" — na figura topológica chamada de "plano projetivo" ou "*cross-cap*". No só-depois dessa passagem, o esquema perspectivo surge como uma figura estanque, uma estagnação na imagem com relação ao plano projetivo, que, implicitamente, é logicamente anterior.

O plano projetivo não faz com que se veja o objeto *a*, até porque ele (o plano projetivo) não é visível nas nossas três dimensões espaciais — ainda que façamos simulações na sua imersão em duas ou três dimensões. O plano projetivo inscreve uma dinâmica na sua diferença com a geometria projetiva. Ela não faz com que se veja o objeto *a*, mas deslinda a sua invisibilidade — a sua revogação de visibilidade — e, assim, confere a ele um caráter operatório, praticável. Assinalemos, a propósito disso, que Lacan não nomeia o plano projetivo na sua *Homenagem*, muito embora refira-se a ele em sua leitura.

A topologia do plano projetivo faz com que o objeto *a* entre na estrutura significante racional. Ela deslinda a cientificidade da estrutura visual do sujeito da mesma forma que o *cogito* — que, para Lacan, está na origem do sujeito.

A dinâmica instaurada pela transformação da geometria projetiva em plano projetivo é a dos dois termos da fantasia, $ e a. O plano projetivo realiza a costura desses dois termos, disjuntos na geometria projetiva. Ao mesmo tempo, ele se identifica ao objeto *a*. Isso coloca uma questão: como esse objeto topológico pode ser identificado por Lacan simultaneamente ao objeto *a*, "olhar", e à costura do objeto *a* e do sujeito? A resposta, que estaria por desenvolver, poderia vir do fato de que é no só-depois da sobrevinda do objeto *a* que a hipótese do sujeito é formulada. Por outro lado, o objeto *a* tem a particularidade de unificar e dividir o sujeito: "é [...] em torno do ser do *a* [...] que [podemos] unificar um sujeito como sujeito de todo um discurso"[1] e "o pequeno *a* é a causa da *Spaltung* do sujeito"[2].

A entrada do sujeito no campo escópico

As regras da perspectiva emergiram entre os pintores a partir do final do século XIV e elas representam, segundo Lacan, a entrada do sujeito no campo do escópico: "A perspectiva organizada é a entrada do próprio sujeito no campo do escópico"[3]. *No* e *pelo* campo do escópico, acrescentaríamos.

> Agora é preciso que nós nos debrucemos sobre o que há pouco chamei de "estrutura visual" desse mundo topológico, mundo sobre o qual toda instauração do sujeito se fundamenta. Eu disse que essa estrutura é anterior, logicamente, à fisiologia do olho e à, até mesmo, [sic] ótica; que ela é essa estrutura que os progressos da geometria nos permitem formular como sendo o que fornece, de uma forma

---

[1] LACAN, J. (1968-1969) O seminário, livro 16: De um Outro ao outro. Trad. V. Ribeiro. Rio de Janeiro: Editora Zahar, 2008, p. 22.
[2] LACAN, J. (1971-1972) *O seminário, livro 19: ...Ou pior.* Trad. V. Ribeiro. Rio de Janeiro: Editora Zahar, 2012, p. 226.
[3] LACAN, J. (1965-1966) *Le séminaire, livre XIII: L'objet de la psychanalyse*, sessão de 25 de maio de 1966, inédito.

exata, aquilo de que — friso o "exata" —... aquilo de que se trata a relação do sujeito com a extensão.[4]

A geometria da perspectiva procede a uma redução da realidade sensível e intuitiva e a substitui por uma realidade mental, matemática. Ela supõe um espaço homogêneo — um olho único que não está em movimento —, mas pode se adaptar à visão esferoide. É uma combinatória de significantes: os pontos de fuga e de distância, o ponto de vista (o olho do pintor), as linhas do horizonte e de terra, as superfícies do plano vertical de projeção e do solo... Esses significantes determinam o sujeito da perspectiva e dividem-no, ao mesmo tempo em que lhe conferem uma estrutura visual coerente. É uma "estrutura de envoltório", termo que se encontra na *Homenagem*, e não de extensão indefinida, o que justifica o retorno topológico de Lacan — que volta, através disso, aos pressupostos implícitos dessa geometria.

A geometria perspectiva nos presentifica uma representação (o que está pintado no quadro), mas não sem o que lhe escapa dos seus fundamentos, a saber: uma unicidade (na perspectiva linear frontal) do sujeito e a visibilidade do olhar — ao passo que a própria palavra "perspectiva" o implicaria, já que ela vem de *per-spicere*, "ver através" distintamente. Através de um quadro, concebido como janela. Notemos, a esse respeito, que a perspectiva foi atacada a partir de duas posições opostas: dar uma importância ao sujeito único ou carecer de subjetividade[5].

---

[4]*Idem.*
[5]Cf. PANOFSKI, E. *La perspective comme forme symbolique*. Paris: Éditions de Minuit, 1975, p. 140.

Pode surpreender-nos o fato de que Lacan, em 1966, faça remontar a entrada do sujeito no discurso ao advento da perspectiva e, ao mesmo tempo, ao *cogito* (século XVII) — ou seja, o advento do sujeito da ciência "sobre o qual operamos em psicanálise"[6]. Ele os coloca, até mesmo explicitamente, em relação:

> É em Vignola e em Alberti que encontramos a progressiva interrogação das leis geometrais da perspectiva, e é em torno das pesquisas sobre a perspectiva que se centra um interesse privilegiado pelo domínio da visão — cuja relação com a instituição do sujeito cartesiano, que é também uma espécie de ponto geometral, de ponto de perspectiva, não podemos deixar de ver.[7]

Não é de surpreender, então, que ele faça sair da boca de Velázquez um "Pinto, logo sou"[8]. Aliás, diante de *As meninas*, na sua época Luca Giordano havia exclamado: "É a teologia da pintura".

Pode-se dizer que, historicamente, o advento da estruturação escópica do sujeito antes do sujeito do *cogito* corresponde à estruturação sincrônica do sujeito no só-depois do seu laço com o objeto *a* (na fantasia), estruturação que pressupõe um sujeito mítico do gozo. É também o que se

---

[6]LACAN, J. (1966) A ciência e a verdade. In: (1966) *Escritos*. Trad. V. Ribeiro. Rio de Janeiro: Editora Zahar, 1998, p. 873; trad. modificada.
[7]LACAN, J. (1964) *O seminário, livro 11: Os quatro conceitos fundamentais da psicanálise*. Trad. M.D. Magno. Rio de Janeiro: Editora Zahar, 1985, p. 85; trad. modificada.
[8]LACAN, J. (1965-1966) *Le séminaire, livre XIII: L'objet de la psychanalyse*, sessão de 11 de maio de 1966, inédito.

passa no tempo lógico, em que cada um dos três prisioneiros só intervém no "ternário a título desse objeto *a* que ele é sob o olhar dos outros"[9].

O advento do sujeito em dois tempos históricos (séculos XIV e XVII) sincroniza-se na fórmula da fantasia com os dois termos, $ e a, simultaneamente reunidos e disjuntos pelo punção, ◊.

A perspectiva é um "ver através", mas onde se encontra o olhar? Tudo é feito para captá-lo, dirigi-lo, orientá-lo; domá-lo, de certa forma; dominá-lo. No entanto, ele permanece inacessível. Pois não é o ponto "olho do pintor" que se projeta no quadro, mas sim o ponto de fuga ao infinito, onde as linhas do plano horizontal devem se encontrar, e ele fica *atrás* do quadro. Esse ponto só tem existência virtual e, no entanto, é por ele que o quadro nos olha. Tal como evocado pela experiência fundadora de Brunelleschi, em 1415, em Florença, o olho do pintor é olhado pelo furo que o ponto de fuga constitui. O lugar de onde é preciso ver o quadro não pode ser mostrado pelo quadro, exceto caso se recorra a um espelho. Há na perspectiva a latência de uma inversão entre aquele que olha e aquele que é olhado, a partir de um ponto-furo.

Pela sua composição assaz engenhosa, *As meninas* atualiza a impossibilidade de representar o olhar. O quadro nos fornece um representante da representação, um *Vorstellungsrepräsentanz* dele. Mas não basta sentir essa fuga, essa escapada que suscita o nosso desejo de ver o quadro, de mirá-lo e de admirá-lo. Um redobramento, uma segunda volta é necessária caso queiramos saber alguma coisa disso

---

[9]LACAN, J. (1972-1973) *O seminário, livro 20: Mais, ainda*, 2ª ed. Trad. M.D. Magno. Rio de Janeiro: Editora Zahar, 1985, p. 67; trad. modificada.

que, ali, bem no cerne do que nos atrai, ao mesmo tempo nos escapa. Trata-se de transformar isso "que nos escapa" em objeto, de nomeá-lo como objeto causa de desejo. É isso que a nomeação "objeto *a*" aplicada ao olhar faz. Trata-se de captar o impossível de captar. Como assim? É justamente o que é realizado pela transformação dos planos da geometria projetiva que constroem a perspectiva nesse objeto que se chama "plano projetivo" ou "*cross-cap*". Essa passagem é apenas o retorno à topologia primitiva da relação do sujeito com o espaço, na qual se fundamenta a geometria da perspectiva, mas que ao mesmo tempo ela mascara. Como bem havia notado o psicanalista Imre Hermann:

> Nosso espaço visual procura tornar-se um espaço métrico, para empregar o termo habitual. Mas ele não chega a isso [...] Nosso campo visual é um espaço não euclidiano de três dimensões [...] A criança, até certa idade, percebe de uma maneira topológica, e não métrica [...] As obras dos pintores convenceram-me de que existem em nós espaços e superfícies topológicos primitivos, mas que as exigências métricas impedem de se nos tornarem conscientes.[10]

A passagem da geometria projetiva da perspectiva para a topologia do plano projetivo (ou *cross-cap*)

Como é que se passa do constructo perspectivo geométrico ao plano projetivo? O desafio é o de tornar operatória e

---

[10]HERMANN, I. Rapports spatiaux de quelques phénomènes psychiques. Cf. também: *Parallélismes* (Paris: Denoël, 1980) e *Psychanalyse et logique* (Paris: Denoël, 1978).

generalizável a função do "puro olhar" como objeto *a* — ou seja, o que nomeia esse olhar que o quadro atualiza e convoca ao mesmo tempo em que elide. Essa transformação, essa passagem é esteada pela importância que atribuímos ao olhar no caso de Lol e à forma como Lacan a interpreta em sua *Homenagem*.

Lacan dá indicações sobre essa passagem no seu seminário *L'objet de la psychanalyse*, mas elas não são muito compreensíveis sem desenhos. Remetemos ao artigo escrito em colaboração com Jean-Pierre Georgin[11], e cujas etapas iremos resumir aqui.

Comecemos evocando o esquema geral da perspectiva frontal com ponto de fuga único, simplificado:

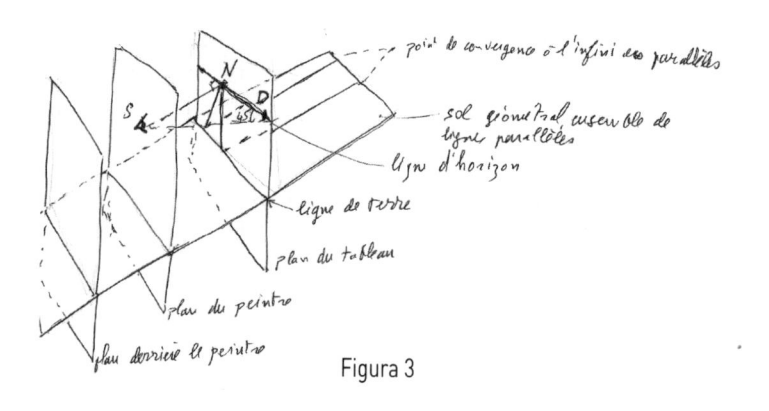

Figura 3

Designamos aí a linha do horizonte, o ponto de fuga N, o solo geometral perspectivo horizontal com as retas paralelas, o ponto "olho" S (do pintor), o ponto "distância" D (do pintor ao quadro), o plano vertical de projeção onde estão pintadas as imagens atrás do quadro, a linha de terra T.

---

[11]GEORGIN; J.-P., PORGE, É. Au-dessus de l'horizon il n'y a pas le ciel, *Littoral*, n. 29. Toulouse: érès, 1989.

O *ponto de fuga* não é a projeção de S; é um ponto de construção que representa, na tela, a projeção de um ponto no infinito de encontro das paralelas que representam o solo perspectivo. É um ponto de onde o sujeito é olhado. Mas o olhar do pintor, ele próprio, não se projeta na tela. Ele fica, por construção, elidido. O plano do olho sempre está distante do plano do quadro, senão seria escuridão. No quadro só se projeta o que está para além dele, caso nos posicionemos no nível do olhar do pintor.

A *linha do horizonte* na qual figura o ponto de fuga N é a do conjunto das imagens de todos os pontos no infinito. É uma linha puramente fictícia de suporte para a construção geométrica da perspectiva. Ela não tem nada a ver com uma representação de linha na realidade — por exemplo, a que chamamos de horizonte entre mar e céu.

O ponto "distância" mede o espaço entre o quadro e o pintor, é por isso que há um ângulo de 45°: para que SN = ND, é preciso um triângulo retângulo isósceles. Esse ponto serve para construir as proporções das imagens de objetos vistos em perspectiva no quadro, estejam eles no solo ou elevados. Ele serve igualmente para a transformação desses mesmos objetos em anamorfoses.

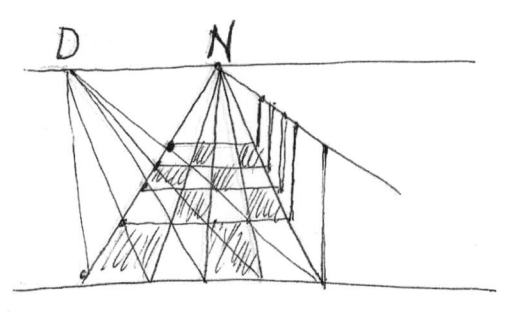

Figura 4

Lacan chama esse ponto D de *ponto do sujeito que olha*, pois, para além da distância mensurável, trata-se de uma distância estrutural que designa um espaço necessário entre quadro e pintor, sem o qual não haveria quadro. Ele o considera, então, um ponto não geo*métrico*, mas *topo*lógico (qualitativo de situação). Há um representante da representação no *As meninas*, o da distância entre o quadro virado e Velázquez — distância que Lacan observa como sendo bem grande. Os limites desse espaço também se encontram lateralmente no infinito. Lacan identifica a existência desses dois pontos, S e D, ao sujeito dividido, dividido por estes dois pontos: o ponto "olho" e o ponto "distância" — rebatizados de S e S'[12]. Entre eles, no intervalo, o olhar cai, perde-se, como testemunha o olhar de Velázquez virado para dentro, que parece vir de um ponto no infinito para dentro desse espaço. Esses dois pontos equivalem à notação $\$$ na fórmula da fantasia: $\$ \Diamond a$ = S, S' $\Diamond$ a. A perspectiva do quadro é, portanto, o constructo da fantasia. Tendo três termos, ela corresponde justamente a um ser a três.

O que é que suscita a passagem do esquema perspectivo para o *cross-cap* ou plano projetivo? É, de fato, uma pergunta bastante simples: o que há acima da linha do horizonte, se ela não é uma representação da realidade, mas uma ficção matemática? A resposta também é bastante simples: acima da linha do horizonte há o que se encontra *atrás* do plano do olho em S; logo, o que o sujeito não consegue ver, ainda que isso concirna ao seu olhar. O olhar suscita a passagem

---

[12]LACAN, J. (1965-1966) *Le séminaire, livre XIII: L'objet de la psychanalyse*, sessão de 11 de maio de 1966, inédito.

da geometria projetiva para o plano projetivo, por conta da ausência de visão (por definição e construção da própria perspectiva) daquilo que há acima da linha do horizonte.

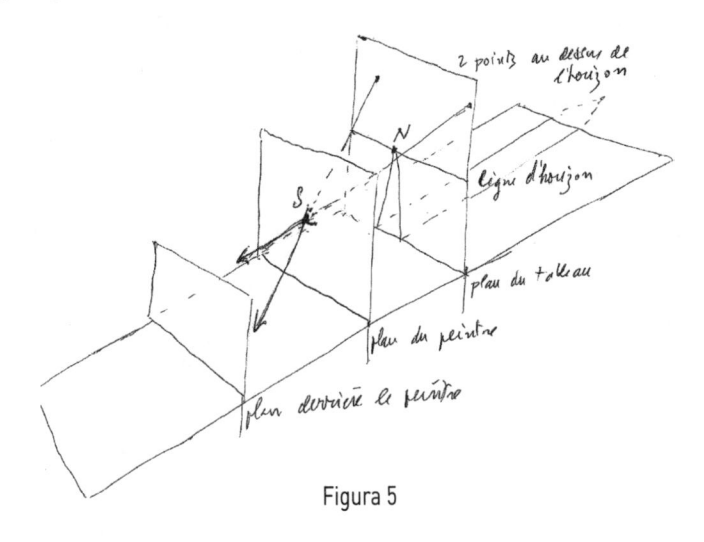

Figura 5

Um quadro feito nas condições de uma perspectiva estrita teria como efeito — se vocês supuserem, por exemplo (porque é preciso justamente segurar-se em algo), que estão de pé sobre um plano coberto por um esquadrinhamento ao infinito — que esse esquadrinhamento venha, evidentemente, a se deter no horizonte. E acima do horizonte? Vocês dirão, naturalmente: o céu. Mas nananinanão. Acima, o que há, no horizonte, atrás de vocês — como penso que, se refletirem sobre isso, poderão imediatamente captar —, ao traçar a linha que junta o ponto que chamamos de "S" ao que está atrás, no plano suporte, que vocês logo verão que vai se projetar acima do horizonte... Vamos fazer com que, a esse horizonte do plano projetivo, venham do plano suporte se cerzir ao mesmo ponto do horizonte os dois pontos opostos do plano suporte: um, por exemplo — que está totalmente à esquerda de vocês na linha do horizonte do plano suporte —, virá se cerzir a um outro — que está totalmente à direita de vocês na linha do horizonte, igualmente do plano suporte. Deu pra entender? Não? Vamos começar de novo.[13]

Acima do horizonte projetam-se os pontos que estão atrás do plano do pintor, invertendo-se a direita e a esquerda. A passagem do esquema perspectivo geométrico, com seus diferentes planos (do quadro, do pintor, de trás do pintor), faz-se pelo emparelhameto destes em todas as direções: para cima, para baixo e para os lados. Esses emparelhamentos ficam implícitos na perspectiva, visto tratar-se de planos que se prolongam ao infinito. Ora, Girard Desargues (a quem Lacan várias vezes presta homenagem[14]) demonstrou que as retas no infinito equivalem a um círculo. O emparelhamento das retas constituindo os diferentes planos do esquema perspectivo desemboca no *cross-cap*, pois o emparelhamento do que está acima do horizonte com o que está atrás do pintor faz-se com uma torsão moebiena (já que os pontos da frente são invertidos atrás).

> A cerzidura desses planos se faz no nível da linha do horizonte e por torsão. Essa linha do horizonte é, então, implicitamente portadora da torsão moebiena através da qual os planos se rebateram. Inversamente, é através de um corte moebieno que se vai repassar do plano projetivo ao plano de projeção. O fechamento dos planos em superfície fechada (compacta)

---

[13]*Ibid.*, 4 de maio de 1966.
[14]TATON, R. *L'œuvre mathématique de G. Desargues*. Paris: Vrin, 1981. Ali está incluído o *Brouillon Project* de 1639.

supõe um olho multidirecional. Logo, ela não é mais da ordem da visão especular. Esse fechamento com torsão corresponde ao objeto *a*, "olhar". É uma tela estendida que cinge um furo, o furo da lacuna entre sujeito que vê e sujeito que olha[15].

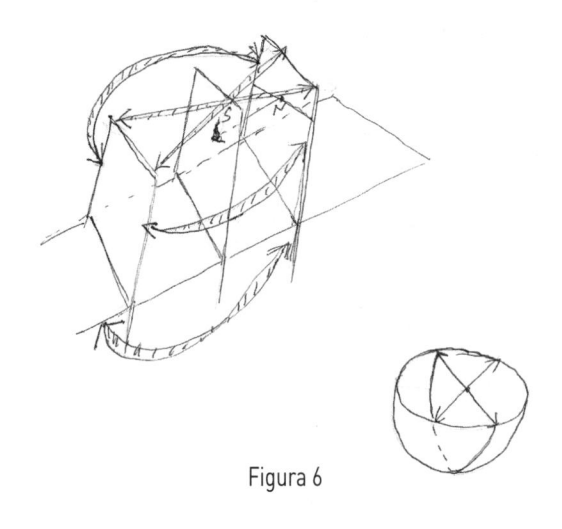

Figura 6

O plano projetivo (um *cross-cap* rematado com um invólucro) é uma superfície *fechada*, unilátera, não orientável, que só existe em quatro dimensões (logo, não *representável*, ainda que se possa escrevê-la matematicamente). A imersão em três dimensões faz com que apareça uma linha de autoatravessamento pela qual o dentro se prolonga com o fora. Seu diagrama planar é:

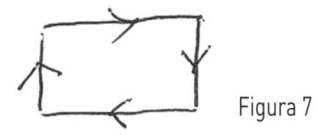

Figura 7

[15]GEORGIN; J.-P, PORGE, É. Au-dessus de l'horizon il n'y a pas le ciel, *Littoral*, n. 29. Toulouse: érès, 1989, p. 154.

Ela pode se construir a partir do emparelhamento de uma esfera furada da qual fazemos com que se juntem as bordas opostas. O emparelhamento dos segmentos AB com CD e BC com DA cria a torsão moebiena e a linha de autoatravessamento da superfície. Essa torsão equivale à do emparelhamento do plano do quadro ao do plano atrás do pintor no esquema perspectivo:

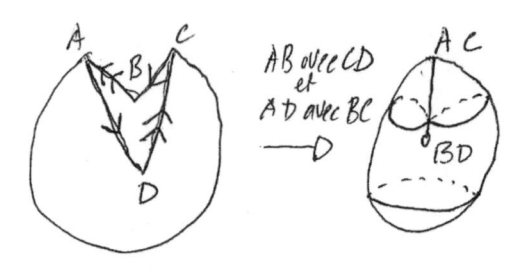

Figura 8

O emparelhamento das bordas opostas equivale a uma torsão da borda que pode se representar em oito interior (vista de cima) ou exterior:

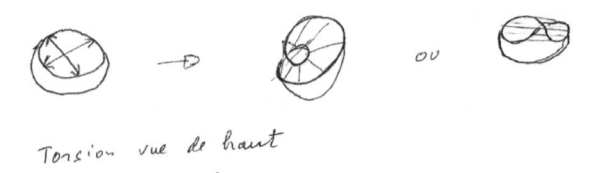

Figura 9 (Reprodução das figuras de Stephen Barr)

Uma vez *fechada* a superfície, habitualmente se lhe confere esta representação com uma linha de autoatravessamento e um ponto singular, suportando toda a estrutura da superfície em sua quarta dimensão — que Lacan diz ser o lugar de um "mecanismo turbilhão"[16]. Ele chega inclusive a identificá-lo ao falo. Esse ponto seria equivalente a um furo de onde pode sair o objeto *a*. Pode se referir ao que Lacan chama de "nó engraçado" na *Homenagem*, pois introduz nodalidade na superfície:

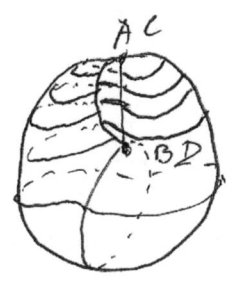

Figura 10

Ao praticar um corte dando um giro duplo (oito interior) em torno desse ponto, separa-se a superfície em duas — um disco furado e uma banda de Moebius (a banda cuja torsão serviu para a fabricação do plano projetivo) — que Lacan identifica, respectivamente, ao objeto *a* e ao $.

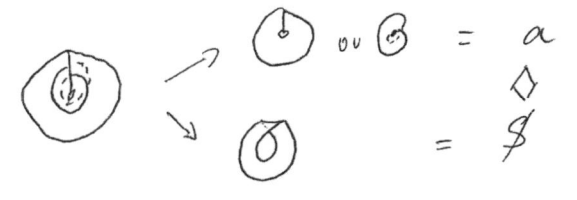

Figura 11

[16]LACAN, J. (1961-1962) *Le séminaire, livre IX: L'identification*, 23 de maio de 1962, inédito. [O termo *turbilhão*, jargão do ramo da relojoaria, diz respeito a um dispositivo — um mecanismo composto de uma "gaiola" giratória que contém um sistema de escapamento e de balanço — cuja finalidade é compensar os erros de marcação de tempo em relógios mecânicos causados pelos efeitos da gravidade. (N. de T.)].

O desafio da passagem da perspectiva para o plano projetivo é o da costura do sujeito ao objeto *a* na fantasia. A transformação é reversível. O quadro, como a fantasia, liga o sujeito barrado do significante (determinado por linhas e pontos) — o sujeito dividido (os dois pontos "sujeito" do quadro) — ao objeto *a*, "olhar", que lhe confere uma estrutura de envoltório furado.

Isso mostra que a estrutura topológica do plano projetivo lhe é *implícita* e a passagem da perspectiva ao plano projetivo realiza o punção entre sujeito e objeto. A estrutura topológica representa esse objeto tornando-se, ela própria, objeto não inteiramente visível, elidido de uma parte da sua visibilidade, cindindo visão e olhar, mas acessível a manipulações (cortes, costuras) e operatório noutros campos além da pintura. A topologia torna operatório o objeto invisível, presença ausente no campo do visível do quadro. O duplo enganchamento que cinge o objeto *a* é o do trajeto da pulsão — pulsão escópica, no caso do quadro —, trajeto *(Aim)* que constitui a meta de sua satisfação.

Retorno das *Meninas* sobre Lol V. Stein

Se a estrutura da fantasia se realiza na transformação da geometria projetiva em plano projetivo, a dinâmica das transformações de Lol — cujo ser a três realiza a fantasia — deve ser esclarecida. Elas devem corresponder a momentos em que se faz e se desfaz o laço topológico de S e de a. Três momentos podem ser reconstituídos no só-depois da loucura declarada de Lol. A questão da loucura de Lol atravessa o romance, do começo ao fim. Ela se coloca até mesmo a propósito de sua infância passada com Tatiana, quando já era considerada esquisita quando elas iam dançar. Lol conserva essa esquisitice aos olhos dos outros.

O primeiro momento é a cena do baile, "da qual o romance é inteiro rememoração", em que se constitui o primeiro ternário: AMS – MR – LVS. Após essa cena, Lol fica prostrada, cansada; repete as mesmas coisas, grita, queixa-se. Algo cedeu e Lol ficou imóvel numa espécie de fascinação pela cena que a excluía. Ela é literalmente arrebatada, nos dois sentidos do termo. Arrebatada no limiar de uma cena que a exclui[1]. É como se ela ficasse em *fading* enquanto o objeto *a* — no qual a sua fantasia com seu noivo, Michel Richardson, se sustentava — lhe fosse roubado, exteriorizado ou, ao menos, não estivesse mais *em-roupado* por i(a), uma imagem amável dela própria. Ela se torna ausente de si, centro de todos os olhares externos (como o *cross-cap* não tem centro, ele se desfez), mas carente do olhar elidido de sua fantasia.

Ela erra nas ruas de S. Thala à procura de um outro olhar, que vai encontrar no casal de Jacques Hold e Tatiana. O plano projetivo volta à geometria projetiva. Lol está na projeção. O que está acima do horizonte já não está elidido atrás dela; o horizonte torna-se uma "linha de sombra", para retomar a expressão de Joseph Conrad. O duplo enganchamento que liga o objeto *a* ao sujeito se interrompeu. É a angústia, a falta da falta, que então sustenta o desejo. Falta da falta do ponto de fuga, ela se torna o centro de todos os olhares, na frente e atrás dela. Falta do olhar elidido que a envolveria e iria lhe refletir uma imagem amável. Falta a palavra que teria nomeado aquilo que lhe estava acontecendo. Seu silêncio é uma "palavra-buraco", uma "palavra-ausência" (p. 48) na borda da qual ela empaca. Pode-se pensar aqui na forma como Serguêi Pankêiev também empaca após o seu sonho de angústia, em

---

[1] Cf. MARCOS, J.-P. La place ravie: Le ravissement de Lol V. Stein de Marguerite Duras, *Essaim*, n. 5. Toulouse: érès, primavera de 2000. Cf. também: DURAS, M. *Le ravissement de Lol V. Stein*. Paris: Gallimard ("Folio"), 1964, p. 46, 124.

que lobos brancos olham-no por uma janela que se abre de repente. Precisamente o sonho do qual ele fez o quadro disputado pelos analistas; sonho que o faz assinar para sempre os seus outros quadros com o nome de "homem dos lobos".

O segundo momento é a cena do Hôtel des Bois, onde, pelo menos naquele momento, ela reconstitui com o segundo ternário (TK– JH – LVS) uma fantasia que a realiza como ser a três. Na pessoa de sua amiga Tatiana — "nua sob os cabelos negros", após ter tirado a roupa — ela vê a roupagem que lhe faltou para sentir-se amável quando da cena do baile, chegando ao

> indizível dessa nudez que se insinua a substituir o seu próprio corpo. É aí que tudo se detém. Isso não seria o bastante para reconhecermos o que aconteceu com Lol, e que revela o que é o amor, ou seja: essa imagem, imagem de si com a qual o outro te reveste e que te veste, e que te deixa quando você se vê despido dela — embaixo, que ser?[2]

O nó entre S e a reforma-se no enquadramento (como um quadro) da janela que ela avista do campo de centeio onde se deitou. A mancha dos cabelos negros de Tatiana é a tela que faz com que o quadro a olhe — ela, Lol —, e neutralize as potências maléficas do olhar. O quadro, a sua perspectiva, transforma-se em plano projetivo onde interior e exterior se comunicam. O objeto desempenha o seu papel na fantasia como objeto elidido, assim como o que é feito em *As meninas*

---

[2]LACAN, J. (1965) Homenagem, feita a Marguerite Duras, com o arrebatamento de Lol V. Stein. In: LACAN, J. *Outros escritos*. Trad. V. Ribeiro. Rio de Janeiro: Editora Zahar, 2003, p. 201; trad. modificada.

pelo olhar de Velázquez, a quem Lacan faz dizer: "Você não me vê de onde eu te olho" — em resposta ao "faça ver" (o que há atrás do quadro) da infanta Margarida[3]. Os três personagens, olhando e sendo olhados alternadamente, são captados por um duplo enganchamento pulsional em torno de um objeto, o olhar que escapa à visão e a domina. Lol, no seu campo de centeio olhando para a janela, encontra-se como o espectador fisgado pelo *As meninas*: aquele que olha o quadro fica enganchado nele[4].

É nesse momento que Lol "realiza" sua fantasia, no sentido de atá-la ao real; isto é, é nesse momento que a sua fantasia a realiza, torna-a real, animada — ela deixa de ser que nem um autômato. A angústia cede, ela volta a ser desejante. O olhar circula como objeto metonímico de desejo.

Pode-se certamente colocar em dúvida o fato de o nó refazer-se verdadeiramente naquele momento, alegando que ele só aparenta se refazer[5]. É verdade que — ainda que se refaça verdadeiramente — ele permanece frágil, haja vista o que se segue. Isso mostra que esse nó da fantasia de Lol é também dependente das fantasias de seus parceiros; e, em particular, da fantasia de Jacques Hold, cujo "patético da compreensão" *precipitou* a crise final de Lol.

O *terceiro momento* é a cena no hotel de T. Beach (ao lado do salão de baile do Cassino), para onde Lol e Jacques Hold (JH)

---

[3]LACAN, J. (1965-1966) *Le séminaire, livre XIII: L'objet de la psychanalyse*, sessões de 11 e 18 de maio de 1966, inédito.
[4]*Ibid.*, sessão de 11 de maio de 1966, inédito.
[5]CZERMAK, M. *Passions de l'objet*. Paris: Joseph Clims Éditeur, 1986, p. 191-ss. Segundo ele, há um fracasso do "contar-se três". Lol teria um imaginário sem eu e ela fracassaria em constituir uma i(a).

peregrinaram de volta. Lacan confirma que Lol enlouquece ali: gritando, agitada, perseguida, alucinada. Nessa cena o ternário se desfaz. De fato ele é rompido, visto que não são mais que dois, Lol e JH — um JH que quer "se unir" com Lol. Claro que não chegam a isso. É o "doer" de Apollinaire, citado por Lacan[6]. É como se ele tivesse querido realizar um ideal e fazer o plano do quadro e o do olho corresponderem. É um ideal inacessível que imerge na escuridão.

O ternário não se rompe como na cena do baile — que se revelou, ulteriormente, a matriz da sua reparação com o ternário do Hôtel des Bois. S e a se disjuntam sem deixar sequer a possibilidade de um retorno do olhar por fora. Lol não reconhece mais Jacques Hold nem Tatiana. Passamos, novamente, do plano projetivo aos planos da geometria projetiva com, além disso, o apagamento da distância entre o plano do quadro e o do olho, distância própria ao sujeito que olha.

«« • »»

Os momentos de atamento e de soltura da fantasia, segundo a topologia do plano projetivo, poderiam ser todos eles desenvolvidos; mas, tal como está, isso já mostra que há uma dinâmica da topologia da fantasia.

Para além dessa dinâmica, mas não sem ela, podemos tirar outra lição desse retorno das *Meninas* sobre Lol. Lacan

---

[6]"E para atingir o que Lol procura a partir desse momento, não nos ocorre fazê-la dizer um 'eu me duo', conjugando 'doer' com Apollinaire?". LACAN, J. (1965) Homenagem, feita a Marguerite Duras, com o arrebatamento de Lol V. Stein. In: LACAN, J. *Outros escritos*. Trad. V. Ribeiro. Rio de Janeiro: Editora Zahar, 2003, p. 199; trad. modificada. (N. de T.)

aborda a clínica da loucura dela — a qual ele confirma — com o que se costuma associar à neurose: a fantasia, reduzida à sua fórmula fundamental.

Nós nos lembramos de que é quando do seu comentário sobre a fantasia no grafo[7] que Lacan introduz, pela primeira vez, a voz enquanto objeto *a*, e que ele escolhe como exemplo as vozes na psicose[8].

Isso não significa que ele tenha renunciado a uma distinção entre as estruturas clínicas, mas que a fantasia não teria como servir de critério. Aliás, Freud observava, a propósito da fantasia *Bate-se numa criança*, que nós a encontramos em várias formas de neurose, e fala inclusive das fantasias de Schreber. Todavia, ao que parece, Lacan dá um passo a mais apoiando-se na estrutura da fantasia para deslindar momentos evolutivos da psicose. Pode-se também considerar que essa abordagem por meio da fantasia ajusta-se ao que pode auxiliar o(a) interessado(a) a sair de sua loucura. Tratar-se-ia, então, de uma abordagem que esteia a tentativa de sublimação. Voltaremos a isso.

---

[7]Reproduzido em: LACAN, J. (1960) Subversão do sujeito e dialética do desejo. In: LACAN, J. (1966) *Escritos*. Trad. V. Ribeiro. Rio de Janeiro: Editora Zahar, 1998, p. 831.
[8]LACAN, J. (1958-1959) *O seminário, livro 6: O desejo e sua interpretação*. Trad. C. Berliner. Rio de Janeiro: Editora Zahar, 2016, p. 401-418.

O ternário a mais de Lacan

A *Homenagem* de Lacan não se reduz a uma interpretação da personagem de Lol no romance de Marguerite Duras; e não se trata, para nós, apenas de comentá-la de modo a reforçar.

Essa construção de caso seria falsa se não levássemos em conta a inclusão do próprio Lacan no seu texto. Ele envolve o romance de Marguerite Duras com a sua interpretação e, ao mesmo tempo, inclui-se ele próprio nisso, afirmando a existência de um novo ternário com ela. Com isso se pode dizer que ele se transforma em plano projetivo, em objeto *a* oferecido à nossa fantasia, colocando-nos, então, para trabalhar.

O ternário no qual ele se inclui é composto por ele próprio, por Marguerite Duras e pelo arrebatamento de Lol tomado como objeto:

Isso legitima que eu introduza aqui Marguerite Duras — com o consentimento dela, aliás — num terceiro ternário, um de cujos termos é o arrebatamento de Lol V. Stein tomado como objeto em seu próprio nó; e eis-me ali, terceiro, introduzindo um arrebatamento — no meu caso, decididamente subjetivo[1].

Notaremos, a esse respeito, a ambiguidade do título de Lacan: *Homenagem, feita a Marguerite Duras, com [...] Lol V. Stein* pode ser entendido como se fosse Lacan o autor de *O arrebatamento de Lol V. Stein*, que estaria prestando homenagem a Marguerite Duras[2].

Esse ternário abre alas para uma narrativa em abismo. Marguerite Duras vem na sequência de Margarida de Navarra (ou de Angoulême):

> Foi diante de todos, no entanto, que um dia confessei haver, durante todo esse ano [do seminário *A ética da psicanálise*], segurado no invisível a mão de uma outra

---

[1] LACAN, J. (1965) Homenagem, feita a Marguerite Duras, com o arrebatamento de Lol V. Stein. In: LACAN, J. *Outros escritos*. Trad. V. Ribeiro. Rio de Janeiro: Editora Zahar, 2003, p. 199; trad. modificada. (N. de T.)

[2] Esta estrutura utilizada por Lacan, *Hommage fait à [...] de [...]* é encontrada, por exemplo, em relatos de cortesias oferecidas a nobres durante a Idade Média. Por exemplo, no ano de 1357: "Homenagem, feita ao Senhor Infante, Regente, pelo conde de Magdeburgo, com [a importância de] quatrocentos florins...". Cf. DU TILLET, J. *Recueil des rois de France, leur couronne et maison : ensemble, le rengs des grands de France ; Une chronique abrégée contenant tout ce qui est advenu, tant en fait de guerre qu'autrement, entre les roys & princes, républiques & potentats estrangers.* Paris: Jacques du Puys, 1580, p. 267. (N. de T.)

Margarida, a do *Heptamerão*. Não é à toa que encontro aqui essa eponímia.³

Ainda que ele não cite, pode-se também colocar dois outros nomes em perspectiva: Marguerite Anzieu, que foi a "Aimée" da sua tese; e Loewenstein, que foi seu analista e cujo nome guarda assonância com o de Lol V. Stein. Sem contar a Margarida das *Meninas*, a infanta da Espanha.

A introdução desse ternário a mais é evidentemente indispensável de ser levado em conta na leitura da *Homenagem*, pois ele não só determina a leitura que Lacan faz do romance de Marguerite Duras: Lacan, voltando-se de certo modo sobre si mesmo, oferece-nos para ler algo que não é forçosamente visível de imediato, nem com uma única passada de olhos, e que nos obriga a colocar algo nosso.

A primeira questão que a anexagem de um terceiro ternário faz surgir é a de saber se, ao fazê-lo, Lacan estende ou não a fantasia de Lol; se ele a toma para si e nela se inscreve; se ele próprio considera a fantasia de Lol de um ponto de vista fantasístico; se ele permanece na lógica da fantasia e a redobra. Isso poderia querer dizer várias coisas: que ele se considera um

---

³[*Ibid.*, p. 204; trad. modificada (N. de T.)] Que "diante de todos" foi esse? Encontramos em *A ética da psicanálise* uma única menção a Margarida de Navarra (p. 159) — ali, mais uma vez, a propósito da citação de *O heptamerão* pelo historiador Lucien Febvre. Nesse mesmo seminário Lacan também cita outra Margarida, Margarida Maria Alacoque (p. 225), que tem a mais íntima relação com a Coisa inominável, além do princípio do prazer — voltaremos a isso —, pelo ardor com o qual ela adere à Coisa imunda, a saber, a mescla de horror e gozo em beber o pus dos doentes ou ao beijar as chagas dos leprosos. Cf. sobre esse tema: LE BRUN, J., *Sœur et amante*. Genebra: Droz, 2013, p. 211.

personagem de Duras — ou um a mais ou um que suplanta algum dos existentes —; que ele alega ter um olhar mais pertinente que os dos personagens, capaz de ter o controle de não entrar num jogo intersubjetivo; que ele quer ensinar a lição a Marguerite Duras; que ele nos comunica uma fantasia sua, mais ou menos análoga à de Lol...

Mas então o que ele quereria nos dizer procedendo dessa maneira? O objeto *a* seria sempre o olhar?

Lacan nos dá a entender que ele não recusa trabalhar com a fantasia de Lol tal como ela a construiu; mas, a nosso ver, nem por isso ele procura redobrá-la. Trata-se, antes mesmo, de se deixar mobilizar por ela. Já é o que se passa quando ele inventa a fórmula do ser a três. Enxertando seu próprio ternário, certamente ele toma para si os elementos ternários estruturais da fantasia de Lol, mas, ao mesmo tempo, cria um movimento que o conecta a uma exterioridade a ela.

Por que, por outro lado, Lacan quereria redobrar a fantasia de Lol, ao passo que o redobramento já faz parte da estrutura da fantasia, em particular quando o olhar é concernido? "O que perturba é que, a cada vez que se fala da fantasia inconsciente, fala-se também implicitamente da fantasia de vê-la"[4]. Ou:

> A fantasia é o estatuto do ser do sujeito e a palavra "fantasia" implica esse desejo de ver a fantasia se projetar, esse espaço [entre o plano do olho do pintor e o plano do quadro] de recuo entre duas linhas paralelas, graças ao qual — sempre

---

[4]LACAN, J. (1965-1966) *Le séminaire, livre XIII: L'objet de la psychanalyse*, sessão de 18 de maio de 1966, inédito.

insuficiente, mas sempre desejado; simultaneamente factível, mas impossível — a fantasia pode ser convocada a aparecer de alguma forma no quadro.[5]

O ideal de coincidência dos planos — que, no capítulo anterior, atribuímos a Jacques Hold em sua relação com Lol — faz parte da fantasia. Esse redobramento da fantasia implicado na própria fantasia é favorecido pelo fato de o objeto em causa ser o olhar. Trata-se de ver a fantasia. "A gente se vê sendo visto, é por isso que a gente se furta." Em contrapartida, "a gente não se ouve sendo ouvido"[6].

Isso faz com que incida sobre o olhar a esperança de uma onipotência. Ele se sobrecarrega com uma função ilusória de domínio, na medida em que a elisão do objeto *a* é ignorada, mascarada pela imagem i(a). É o "ver-se vendo" de que fala Paul Valéry em *La jeune Parque* [A jovem Parca][7]. O olhar é, com efeito, um objeto particularmente evanescente e, por isso, apto para simbolizar a falta fálica ($-\varphi$), a castração. Lacan propõe, aliás, que a primeira letra da palavra "fantasia" seja Φ[8].

O redobramento da fantasia num ver-se vendo não teria como representar o que justificaria o arrimo do ternário de Lacan nos de Lol. De que ordem é esse arrimo? O que ele nos diz?

---

[5]*Ibid.*, 25 de maio de 1966.
[6]LACAN, J. (1960-1961) *O seminário, livro 8: A transferência*. Trad. D. D. Estrada. Rio de Janeiro: Editora Zahar, 2010, p. 379; trad. modificada.
[7]Trata-se do trecho: "Eu me via me vendo, dourando e sinuosa, / D'olhares em olhares, minha mata frondosa". (N. de T.)
[8]LACAN, J. (1975-1976) *O seminário, livro 23: O sinthoma*. Trad. S. Laia. Rio de Janeiro: Editora Zahar, 2007, p. 123.

Vários dados nos auxiliarão a responder: as outras modalidades de engatamento de Lacan no texto de Marguerite Duras; o momento no qual ele designa o seu ternário; os outros objetos *a* que ele coloca para circular e a função da letra em meio a eles.

As entradas de Lacan na *homenagem*

De imediato Lacan se inclui e se conta em sua leitura de *O arrebatamento de Lol V. Stein*, jogando com os equívocos da palavra "arrebatamento"[9]: "Arrebatamento — essa palavra constitui para nós um enigma. Será objetiva ou subjetiva da forma que Lol V. Stein a determina?"[10].

É Lol quem arrebata ("arrebatadora é também a imagem que nos será imposta por essa figura de ferida exilada das coisas"[11]) ou ela é arrebatada? Esse equívoco se redobra com o da palavra *arrebatar:* roubar e tirar prazer de algo ou alguém[12]. Acrescentemos que, ao escrever *Du ravissement...* [Do arrebatamento...], Lacan adiciona um terceiro equívoco: *Du ra-* e *Duras*. Ele incorpora a própria Duras no

---

[9]Do latim, *rapere*. Ela possui a mesma etimologia que a palavra *ravage* [devastação]. Em espanhol: *arrebato*, *rapto* ou *arrobamiento*, num sentido mais místico.
[10]LACAN, J. (1965) LACAN, J. (1965) Homenagem, feita a Marguerite Duras, com o arrebatamento de Lol V. Stein. In: LACAN, J. *Outros escritos*. Trad. V. Ribeiro. Rio de Janeiro: Editora Zahar, 2003, p. 198; trad. modificada. (N. de T.)
[11]*Idem*. (N. de T.)
[12]A isso se soma, cumpre dizer, o eco incidental da palavra "atar" no termo português "arrebatar", que faz jus à topologia dos nós aqui trabalhada por Érik Porge. Em tempo, *ravissement* também pode ser traduzido por "arroubo", que ecoa mais flagrantemente a espoliação comentada pelo autor. (N. de T.)

arrebatamento e introduz o seu próprio arrebatamento em relação a ela.

Outras palavras entram em ressonância com "arrebatar"; por exemplo, no tema do *roubar*, tomado ao pé da letra quando Tatiana tira o robe. Os termos "arrebatar" e "roubar" ligam-se à busca metonímica do objeto perdido.

O primeiro equívoco se ata na ternariedade do nome de Lol. A arte de Marguerite Duras está em nos fazer escutá-lo. Segundo Lacan, "essa arte sugere que a arrebatadora é Marguerite Duras; e nós, os arrebatados"[13]. Assim é relançado o segundo nível do equívoco de "arrebatar", no qual, dessa vez, Lacan se inclui. Ele se inclui e se conta: "Veja só que a cifra tem de se atar de outro modo — pois, para apreendê-la, é preciso se contar três"[14].

Lacan anuncia claramente ali que ele se inclui naquilo que ele decifra; e que ele deve, por conseguinte, contar-se como tal. Essa contagem suscitada pelos equívocos da palavra "arrebatar" assume a forma de um nó. De um nó em que há três. O dois do equívoco implica o três — o de se contar em sua leitura do equívoco.

Nesse sentido, a *Homenagem* não é somente um texto *sobre* o romance de Marguerite Duras, mas um escrito original, *com* o seu texto, sobre o que significa escrever. Ela assume justamente, em si mesma, uma forma de nó.

Lacan não nomeia de imediato o ternário (o "terceiro ternário") em que ele se inclui. O momento em que ele o faz tem

---

[13]LACAN, J. (1965) Homenagem, feita a Marguerite Duras, com o arrebatamento de Lol V. Stein. In: LACAN, J. *Outros escritos*. Trad. V. Ribeiro. Rio de Janeiro: Editora Zahar, 2003, p. 198; trad. modificada. (N. de T.)
[14]*Ibid.*, p. 199; trad. modificada. (N. de T.)

uma significação certa. Foi logo depois de ter falado de Jacques Hold, e ele frisa dizendo que é esse personagem do romance quem o "legitima" — a ele, Lacan — em seu ternário:

> O mínimo a dizer é que a história, aqui, coloca alguém na balança — e não só porque é esse alguém que Marguerite Duras faz ser a voz do relato —: o outro parceiro do casal. Seu nome: Jacques Hold. Pois ele também não é o que parece, quando digo "a voz do relato". É, antes mesmo, a sua angústia. Nisso, mais uma vez, ressurge a ambiguidade: será a dele ou a do relato? Em todo caso, ele não é um mero mostrador da máquina, mas justamente um dos seus propulsores, e não sabe tudo sobre o que o prende a ela. Isso legitima que eu introduza aqui Marguerite Duras — com o consentimento dela, aliás — num terceiro ternário [...][15]

De novo, assim como para o arrebatamento, Lacan apela para a ambiguidade da linguagem. É em razão dela — e de um saber não todo por ela trazido — que Lacan se sente legitimado, colocando-se assim, ele próprio, em posição de não saber tudo, visto que ele se agarra nela. Jacques Hold (JH) ocupa no relato um lugar estrutural análogo ao que Lacan ocupa em seu comentário do romance (ele faz o relato e nele se inclui). Esse lugar estrutural análogo vem do fato de Jacques Hold ser, ao mesmo tempo, o narrador e um personagem do relato. Ele está dividido entre um "eu" que fala e um "ele" de quem esse "eu" fala, e só ficamos sabendo disso no final do sétimo capítulo — o que contribui grandemente

---

[15]*Idem*; trad. modificada. (N. de T.)

com a turvação das identificações para o leitor. Assim, lê-se na página 53:

> Ele [é JH, mas ainda não se sabe disso] escrutinou o bulevar nos arredores do cinema. Lol o havia contornado. Detrás dele, em seu casaco cinza, Lol espera parada que ele decida ir embora.
>
> Eu [JH falado por JH] vejo o seguinte:...

De uma forma bem curiosa, ficamos sabendo que o narrador não é ninguém além de Jacques Hold: "Abraçadas, sobem os degraus do alpendre. Tatiana apresenta a Lol Pierre Beugner, seu marido, e Jacques Hold, um dos amigos do casal; a *distância* [grifo nosso] é coberta, eu". A distância é percorrida na enunciação e não se pode deixar de pensar no que dissemos anteriormente da abolição da distância entre o plano do quadro (aqui o personagem JH, o "ele") e o do olho do pintor (aqui, JH, o narrador, o "eu") que faz coincidir os dois. Coincidência que Jacques Hold procurará repetir levando Lol para o local da cena primitiva traumática onde ela ficou em suspenso. Coincidência capaz de fazer surgir a angústia.

Sem dúvida por essa razão Lacan se interessa não tanto pela divisão de Jacques Hold, mas pela angústia que vem no seu lugar e que é testemunhada pelo relato — por exemplo, no décimo primeiro capítulo, quando Jacques Hold vê Lol no campo de centeio da janela do hotel onde ele se encontra com Tatiana. Isso permite a Lacan colocar a ênfase no objeto *a* e enunciar que o único sujeito é esse objeto — esse objeto isolado; esse objeto por ele mesmo, de certo modo exilado, proscrito, caído no horizonte da cena fundamental — que é esse puro olhar, que é Lola Valérie Stein. No romance, contudo, o único sujeito é esse: esse em torno do qual se sustentam e giram e existem todos os outros.[16]

Jacques Hold, como diz Lacan, "é o amante típico, mas é também alguém que ela segue; que está lá; aquele que vai assumir o lugar desse furo, dessa hiância — em torno da qual, em suma, todo o seu ser de sujeito é organizado"[17]. O seu ser de sujeito é esse objeto caído, destacado, exilado: o puro olhar.

É em torno desse objeto que os nós dos ternários de Lol se fazem e se desfazem. Mas acaso é em torno desse mesmo objeto que o ternário com Lacan se refaz?

A voz

Não é o que pensamos. E aventamos que, com Lacan, há conexão com outro objeto *a*: a voz. Acaso não é isso que ele nos faz escutar no início, ao escrever: "Mas se, ao apertarmos os nossos passos rente aos passos de Lol, que o seu romance ressoa, nós os ouvimos atrás de nós sem termos encontrado ninguém..."[18]?

---

[16]LACAN, J. (1964-9165) *Le séminaire, livre XII: Problèmes cruciaux pour la psychanalyse*, sessão de 23 de junho de 1965, inédito.
[17]*Ibid.*
[18]LACAN, J. (1965) Homenagem, feita a Marguerite Duras, com o arrebatamento de Lol V. Stein. In: LACAN, J. *Outros escritos*. Trad. V. Ribeiro. Rio de Janeiro: Editora Zahar, 2003, p. 198. (N. de T.)

Seguindo os passos de Lol, Lacan invoca o que ressoa, ou seja, a *rassom*[19] — termo de Francis Ponge que ele tomou para si e associou ao objeto a[20]. Ademais, falando em *apertar* o passo, Lacan introduz uma dimensão temporal, a da pressa, que remete ao *tempo lógico* e ao objeto (a)pressado. Ora, o que caracteriza a voz como objeto a nem é tanto a sonoridade com a qual ela pode se enroupar, mas a sua marcação temporal, "o tempo de dizer as coisas"[21]. "É a audição que impede de escutar", dizia ele já em 1949[22].

O tempo da fala, por outro lado, antecedeu a escrita da *Homenagem*, visto que Lacan — como dissemos na introdução — quis encontrar Marguerite Duras antes e eles conversaram tarde da noite. Em seguida, ele publicou o texto nos *Cahiers Renaud-Barrault*, uma publicação da cena falada do teatro.

Antes de identificar os rastros da voz no texto de Lacan, frisemos que elas estão bem presentes no próprio texto de Marguerite Duras; e é por isso que Lacan está autorizado a dizer que elas ressoam no seu romance, ao que ele faz eco — sendo o eco uma repetição modificante, e não uma reduplicação idêntica[23].

---

[19]O termo utilizado por Ponge, em francês, é o neologismo *réson*, que funde *résonner* [ressoar] e *raison* [razão]. (N. de T.)
[20]LACAN, J. (1971-1972) *Estou falando com as paredes*. Trad. V. Ribeiro. Rio de Janeiro: Editora Zahar, 2011, p. 85-86; trad. modificada.
[21]LACAN, J. (1973-1974) *Le séminaire, livre XXI: Les non-dupes errent*, sessão de 9 de abril de 1974, inédito.
[22]O referido trecho consta numa intervenção feita por J. Lacan após a comunicação realizada por J. Rouard intitulada *Delírio alucinatório numa surda-muda*. Cf. ROUARD, J. Délire hallucinatoire chez une sourde-muette, Évolution *psychitrique*, vol. 2, 1949, pp. 236-238. (N. de T.)
[23]PORGE, É. (2012) *Voz do eco*. Trad. V. Veras. Campinas: Mercado de Letras, 2014. Cf. também: "Entre voix et silences: tourbillons de l'écho", *Essaim*, n. 32. Toulouse: b, primavera de 2014.

A voz em Lol V. Stein é, antes de mais nada, as vozes do delírio de Lol, as suas alucinações — em particular no fim do romance, depois do encontro no hotel de T. Beach. Desde o começo do romance, aliás, nós estamos preparados para que elas aconteçam.

Num artigo[24], Robert Ricatte recenseou as marcas de silêncios em *O arrebatamento* e *O vice-cônsul*, marcas que presentificam a voz como objeto *a*, "a-fônico". Eis aqui alguns exemplos:

As abreviaturas gráficas dos nomes: Lol V. Stein, S. Thala, T. Beach, U. Bridge... são diversos vacúolos no texto.

Menos convencionais são as frases que permanecem em suspenso, ou consumam-se no vazio, o branco tipográfico. Jean Bedford, no violino, prepara um concerto para o dia seguinte e Tatiana pergunta: "'*Você escuta sempre? — Quase sempre. Sobretudo quando eu...*' *Tatiana espera. O resto da frase não virá*".

Muitas outras frases de Lol permanecem não consumadas. A título de exemplo:

p. 169   É a primeira vez que o senhor se engana.
Gosta?
Sim. Sobretudo dessa forma. O senhor está tão perto de...

p. 170   Talvez seja nesses momentos, quando chego a acreditar que o senhor desapareceu, que...

p. 175   Talvez já não fosse preciso vê-los juntos, exceto...

---

[24]RICATTE, R. Silences et échos chez Marguerite Duras, *Littérature*, n. 102, 1996.

Esses furos tipográficos materializam — até mesmo *palavriarizam* — a "palavra-furo", que, segundo o narrador, teria faltado a Lol para dizer, para abarcar Michael Richardson e Anne-Marie Stretter numa definição única na noite do baile. "Não se teria podido dizer, mas se teria podido fazer *ressoar*", escreve Marguerite Duras. Mas ela faltou e aquilo que ressoa chega a esse lugar vazio. A palavra-furo esclarece, segundo Lacan, "a sede central do sujeito"[25], uma palavra-furo em torno da qual gira o ternário do nome próprio.

O vazio do discurso também pode ser criado por uma frase seguida do seu contrário: "Não o amo; contudo, o amo — o senhor me entende".

Nos vazios, nos silêncios e nos furos os gritos e as lágrimas podem ressoar. Totalmente significativos são também os múltiplos ecos que invadem o romance, notadamente por duplicações lexicais: "A pista esvaziou, ela ficou vazia." "As réplicas", diz Ricatte, "como se diz ao falar de quadros, ficam em roda, criam uma circularidade obsedante"; o relato anda em círculos numa "busca vã pelo Outro", "mas o leitor, de sua parte, percebe quais ecos ligam, entre eles", os personagens.

Claude Burgelin também insistiu a respeito dos fenômenos de eco no romance de Duras: "Nos textos de Duras [...] as trocas, que assumem o lugar e a posição de diálogos, instalam ecos, câmaras de ressonância comuns, mais do que reciprocidades"[26].

---

[25]LACAN, J. (1964-1965) *Le séminaire, livre XII: Problèmes cruciaux pour la psychanalyse*, sessão de 23 de junho de 1965, inédito.
[26]BURGELIN, C. *Les mal nommés*. Paris: Le Seuil, 2012, p. 139.

A ressonância de ecos no romance vai mais longe do que nos significar o eco do pensamento ao qual Lol está sujeita. Em todo caso, ela faz com que o leitor participe disso. Como escapar, então, do chamado desses ecos? Como, por sua vez, a isso não fazer eco? Foi o que ocorreu, a nosso ver, com Lacan. Ecos do silêncio, do lado de Lol; eco da voz, do lado de Lacan: os ecos encontram-se, misturam-se e turbilhonam. "O eco responde ao eco, tudo se repercute", escrevia Georges Braque em seus cadernos[27].

Algumas citações apanhadas da *Homenagem* são testemunhos disso, ainda que a atenção dada ao olhar tenha feito com que as tenhamos negligenciado até o momento. Vamos de grão em grão:

O "O" de Lol é identificado a uma boca aberta.

Lacan diz justamente que ele escuta os passos de Lol que o romance de Duras ressoa.

É em referência à voz do relato e à angústia que Lacan apresenta o ternário em que ele se inclui.

É às palavras de amor de Jacques Hold para Tatiana que ele se refere.

"Nua, nua sob os seus cabelos negros" (trata-se de Tatiana) sai da boca de Lol, como frisa Lacan.

Lacan refere-se explicitamente à conversa que teve com Marguerite Duras sobre *O arrebatamento de Lol V. Stein* antes de escrever a sua *Homenagem*.

Ele se refere também, como dissemos, ao seu seminário *A ética da psicanálise*, ainda não transcrito, onde teria "confessado" ter segurado "no invisível a mão de uma

---

[27]BRAQUE, G. *Cahiers 1917-1947*. Paris: Maeght éditions, 1948, p. 91.

outra Margarida, a do *Heptamerão*"[28]. Voz e olhar estão, ali, associados.

Por fim, o texto da *Homenagem* termina com a seguinte frase poética: "[...] quando a senhora [Marguerite Duras] celebra as taciturnas núpcias da vida vazia com o objeto indescritível"[29]. Com esse objeto indescritível somos levados ao cerne do que está em jogo na *Homenagem*, que é a sublimação.

Para voltar ao nosso ponto de partida, compreendemos que não é o redobramento da fantasia de Lol num ver-se vendo que justifica a entrada do ternário de Lacan em jogo, pois isso o situaria do lado de uma tentativa de controle. Muito pelo contrário, ele se conta para dizer melhor a sua divisão e o que lhe escapa em sua abordagem do texto de Duras. Não é um desdobramento, mas um giro duplo isso que pratica Lacan — que, simultaneamente, o inclui e o exclui dele próprio e daquilo de que ele trata. São precisamente as duas voltas do oito interior, relacionadas à pulsão e à sublimação tal como faladas por Lacan a propósito da obra de arte e, mais especialmente, das *Meninas*:

> Essa subjugação [do quadro] tem a maior relação com o que eu chamo de subversão — justamente — do sujeito, a respeito da qual insisti bem no comecinho do meu discurso hoje, e é precisamente apoiando-se nisso que ele adquire o seu valor. De fato, a relação com a obra de arte é sempre marcada por essa subversão. Nós parecemos ter admitido,

---

[28]LACAN, J. (1971-1972) *Estou falando com as paredes*. Trad. V. Ribeiro. Rio de Janeiro: Editora Zahar, 2011, p. 204 (N. de T.)
[29]*Ibid.*, p. 205. (N. de T.)

com o termo *sublimação*, algo que, em suma, não se trata de outra coisa. Pois se é que aprofundamos suficientemente o mecanismo da *pulsão* para ver o que se passa, trata-se de uma ida e volta do sujeito ao sujeito, contanto que se capte que essa volta não é idêntica à ida e que, precisamente, o sujeito — em conformidade com a estrutura da banda de Moebius — se engancha nisso depois de ter dado essa meia-volta que faz com que, tendo saído do seu lugar, ele volte a se cerzir ao se avesso; noutros termos, que é preciso dar duas voltas pulsionais para ser realizado algo que nos permita captar o que significa autenticamente a divisão do sujeito[30].

O texto de Lacan corresponde, a nosso ver, a uma sublimação em ato. O próprio título, *Homenagem*, acena nesse sentido[31], uma vez que remete ao amor do trovador por sua Dama no amor cortês.

Ao atar o seu ternário com o texto de Marguerite Duras, Lacan não redobra a fantasia de Lol, nem se põe em continuidade com ela, mas cria uma distância que o desloca e faz com que ele entre num turbilhão do lado da pulsão e do seu destino possível, a sublimação. Ele o faz graças a esse giro duplo do ternário em que ele se implica; e também porque, ao fazê-lo, estabelece uma conexão (que é uma descontinuidade) do olhar com um outro objeto *a*, a voz. Conexão na qual — para retomar uma expressão utilizada a propósito

---

[30]LACAN, J. (1965-1966) *Le séminaire, livre XIII: L'objet de la psychanalyse*, sessão de 11 de maio de 1966, inédito.
[31]O termo vem de "homem" (soldado, vassalo) que se declara vassalo do seu senhor, tal como faz o poeta cortês para com sua Dama.

de Velázquez — ele "fornece"³² o objeto *a*, "*voz*", para Lol. Aliás, ele fornece menos o objeto "voz" do que a descontinuidade de uma conexão com outros objetos *a*. Talvez seja essa a sublimação — em todo caso, um dos seus componentes — que se deve vincular àquilo que Freud chamava de "das plasticidade pulsões"³³; ou seja, ao fato de que elas substituem-se umas às outras — noção fixada por Lacan em *A ética da psicanálise*³⁴.

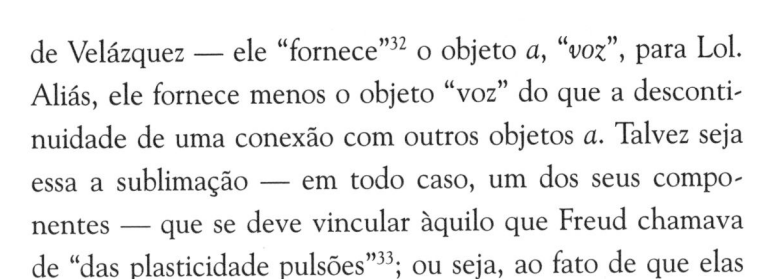

---

³²A propósito da imagem brilhante da infanta no centro do quadro, Lacan emenda: "Nós nos perguntávamos como é que, para nós, essa dialética do objeto *a* se transfere, se é a esse objeto *a* que estão dadas a hora e a vez em que o sujeito deve se reconhecer. Quem é que deve fornecê-lo? Ele ou nós? Acaso nós não temos tanto a fazer quanto Velázquez em sua construção?". LACAN, J. (1965-1966) Le séminaire, livre XIII: L'objet de la psychanalyse, 25 de maio de 1966, inédito.
³³FREUD, S. (1917) 22. Considerações sobre desenvolvimento e regressão. Etiologia. In: FREUD, S. *Obras completas, vol. 13: Conferências introdutórias à psicanálise*. Trad. S. Tellaroli. São Paulo: Companhia das Letras, 2014, p.458.
³⁴LACAN, J. (1959-1960) *O seminário, livro 7: A ética da psicanálise*, 2ª ed. Trad. A. Quinet. Rio de Janeiro: Editora Zahar, 2008, p. 114-118.

Passagem à sublimação

Há passagem à sublimação porque essa é uma ação que se renova; ela é o efeito de uma dinâmica das pulsões, que, a nosso ver, consiste particularmente em realizar uma conexão dos objetos *a* (olhar e voz, no caso), uma vez concernido o "objeto indescritível" de que fala Lacan no final da *Homenagem*. Tentamos apresentar uma amostra disso no capítulo anterior. Agora é preciso que examinemos em que medida o texto de Lacan não se contenta em referir-se explicitamente à sublimação, mas constitui — em si mesmo, na sua escrita — uma sublimação.

O ternário a mais no qual Lacan se inclui e se conecta aos ternários de Lol não é um nó idêntico ao de Lol e não está em continuidade com ele. É outro nó que se refaz para Lacan em sua relação com o texto de Marguerite Duras.

Ele se refaz com filamentos vários: outro objeto, a voz; outro nome, Margarida de Navarra; outro texto, *O heptamerão*; outra erótica, o amor cortês.

É esse tramado sutil — do qual Lacan fornece apenas alguns fiapos — que tentaremos reconstituir a fim de abordar o que está verdadeiramente em jogo na sublimação efetiva de Lacan.

O amor poético dos trovadores

Em seu seminário *A ética da psicanálise*, por ele citado em sua *Homenagem*, Lacan toma como exemplo de sublimação o amor cortês, que representa "a função ética do erotismo"[1]. Lembremos alguns dos traços que caracterizam o amor cortês[2] antes de ver como eles chegam a se emparelhar à história de Lol e à interpretação que Lacan faz dela.

Primeiramente, é através da poesia, acompanhada de canções, que temos acesso ao amor cortês; ele não é separável de sua expressão poética. Esta é estilisticamente muito elaborada e nela encontramos uma porção de alusões ou de equívocos — por exemplo, entre *cors* (corpo) e *cor* (coração). Sua consumação, sua perfeição confundem-se com a pureza, a cortesia do amor. Como escrevia Guilherme IX, conde de Orange, o primeiro dos grandes trovadores:

> Entretecida é a língua
> No beijo sem míngua.

---

[1] LACAN, J. (1959-1960) *O seminário, livro 7: A ética da psicanálise*, 2ª ed. Trad. A. Quinet. Rio de Janeiro: Editora Zahar, 2008, p. 184.
[2] A expressão vem do filólogo medievalista Gaston Paris (1839-1903). O amor é cortês e o amor é fino (refinado).

O trovador endereça seus poemas a uma Dama, do qual se faz vassalo — a palavra "Dama" vindo justamente de *dominus*, o senhor e mestre que domina. Ela é então posta em posição de parceira inumana, de "tigresa de Hircânia"[3]. Suas qualidades reais e concretas não são evocadas, mas seu corpo é celebrado. Ele encarna, segundo Michel Zink, a presença feita de ausência[4]. O dizer sobre o amor no poema entra no lugar da palavra de amor endereçada diretamente à Dama. É um amor "de longe". A impossível palavra de amor diretamente endereçada entra no lugar de um impossível no amor — o que nos remete à sublimação, como veremos. Assinalemos que não raro é uma Dama quem dá o primeiro passo com um cavalheiro.

A poesia cortesã mostra que a sublimação não emana do etéreo, podendo vir acompanhada de palavras bastante cruas, até mesmo obscenas. Também não é por haver um impossível de atingir que as relações sexuais estão necessariamente excluídas. O poema "Farei um verso, pois tenho um sonho" de Guilherme IX contém versos que pareceram tão escandalosos que foram suprimidos por Alfred Jeanroy da edição de suas obras[5], mas foram reproduzidos por Michel Zink:

> Ouve-me só quanta vez foi que eu as fodi:
> Cent'oitenta e oito.
> Quase me lascam cintas

---

[3] Cf. Virgílio, na *Eneida*, assim como o poema de Verlaine, "Dans la grotte", em *Fêtes galantes*.
[4] ZINK, M. *Les troubadours: une histoire poétique*. Paris: Perrin, 2013.
[5] JEANROY, A. (org.) *Les chansons de Guillaume IX, duc d'Aquitaine* [1071-1127]. Paris: Librairie Honoré Champion, 1972.

E arnês.
E nem te conto, do coito,
A moléstia enorme que isso me fez.

A sextina de Arnaut Daniel — que Lacan cita em *A ética*[6] — não é menos crua, visto que esse poema debate a repugnância de um cavaleiro ao trombetear na bunda ("embocar a trombeta") de certa dama, com o nome de Edna. Lacan escreve a propósito disso:

> A sublimação não é, com efeito, o que pensa uma gentalha, e nem sempre se exerce obrigatoriamente no sentido do sublime. A mudança de objeto não faz desaparecer forçosamente — longe disso! — o objeto sexual: o objeto sexual, acentuado como tal, pode vir à luz na sublimação. O jogo sexual mais cru pode ser objeto de uma poesia sem que, por isso, ela perca uma visada sublimadora[7].

E noutro momento ele havia apontado:

> Nunca se fala tanto nos termos mais crus do amor do que quando a pessoa é transformada numa função simbólica[8].

Se, tal como propõem vários autores — dentre eles, Lacan —, fizermos a poesia cortesã remontar à poesia latina, isso confirma que não havia contradição alguma em fazer

---

[6] LACAN, J. (1959-1960) *O seminário, livro 7: A ética da psicanálise*, 2ª ed. Trad. A. Quinet. Rio de Janeiro: Editora Zahar, 2008, p. 194-197; trad. modificada.
[7] *Ibid.*, p. 194.
[8] *Ibid.*, p. 181.

coexistirem a expressão de um amor refinado e palavras obscenas. Para isso basta ler *A arte de amar*, de Ovídio, ou as poesias de Catulo — poeta reputado por sua delicadeza, sua sutileza e sua virtuosidade[9].

O amor cortês, como dissemos, é um "amor longínquo", "de longe". Isso confere a ele um caráter paradoxal, tanto no plano do desejo quanto no plano do gozo, a respeito do qual Michel Zink insistiu: o poeta apaixonado "queixa-se de ser atormentado pelo desejo, de sofrer e morrer por ele, mas encontra no próprio amor uma recompensa e uma alegria. Ele se considera feliz por amar, ainda que não consiga nada. Ele se sente, ao mesmo tempo, exaltado e deprimido"[10]. Seu sofrimento exaltante e sua alegria dolorosa nos parecem paradoxais, mas não o são para o poeta. O fato de amar proporciona, por si só, uma alegria, mas o poeta não se compraz com o papel do apaixonado entorpecido. Ele não se resigna ao amor insatisfeito e pode, quando for o caso, dar lugar ao cômico. Se aceita as insolências, é para relançar as expressões do seu amor; e ele não perde as esperanças do seu coroamento — aspira a isso e o imagina com toda a sua sensualidade.

O amor longínquo encontra-se entre o "eu" (o "aqui") e o "ela", a Dama (o "acolá"). E isso a ponto de "o amor de longe" ser ela, confundir-se com ela.

"Estou aqui; ela, acolá; e eu gostaria de lá estar: essa é a nostalgia amorosa que alimenta toda a poesia dos trovadores.

---

[9]*O livro de Catulo*. Trad. J. A. Oliva Neto. São Paulo: Edusp, 1996. Por exemplo, os poemas XVI e LVIII são eloquentes.
[10]ZINK, M. *Les troubadours, op. cit.*, p. 105.

Estou aqui; ela, acolá. Eu não teria como ir para lá; apenas o desejo e o sonho podem me levar: esse é o *amor de lonh*[11]". O amor de longe é o nome da Dama que o trovador ama. Daí a tensão entre o desejo e a sua posse adiada. O sonho erótico é um tormento e um consolo.

A duplicidade do desejo amoroso reflete-se naquilo que o trovador chama de seu "gozo", até onde se pode distingui-los. O termo interessa, todavia, por nos introduzir numa outra especificidade do amor cortês: a do ser a três da cortesia do amor. Concentram essa problemática alguns versos[12] de Guilherme IX:

> Justo é cada um gozar da alegria
> Da qual se regozijou

E de Jaufré Rudel:

> Por esse amor sou atormentado
> Desperto ou dormindo e sonhando:
> Maravilhosa é a minha alegria,
> Pois dela me regozijo, recebendo gozo
> E ofertando.

O poeta apaixonado não se refere somente ao seu próprio gozo; ele o relaciona ao de sua parceira, para buscar, se não uma identidade, ao menos certa relação. Como diz

---

[11]"Amor de longe", em occitano — língua românica, falada no sul da França, na qual escreveram muitos trovadores; dentre eles, Guilherme IX. (N. de T.)
[12]Citados por ZINK, M. *ibid.*, p. 61 e 67.

Michel Zink, se há precariedade no amor, é porque ele não é "meu" ou "seu", mas "nosso" amor. Aqui, mais uma vez, Guilherme IX soube encontrar as palavras para dizer[13]. Qual é o lugar desse "nosso" é uma pergunta que os apaixonados não cessam de se fazer.

Em todo caso, esse "nosso" do gozo não se inscreve numa relação dual, mas numa relação em que nós nos contamos três. No caso do amor cortês, o terceiro termo é encarnado, em geral, pelo marido da Dama, mas também por um senhor nobre, por outro homem ou, até mesmo, por outra mulher. A exigência de discrição nas relações entre amantes faz parte dessa relação ternária. Ela é destinada essencialmente a afastar os maledicentes.

"A poesia dos trovadores é uma poesia do desejo. Certo. Mas toda poesia de amor é uma poesia do desejo. A dos trovadores tem de particular o fato de ser uma poesia do desejo sob o olhar do outro e uma poesia do desejo do gozo do outro"[14]. Um verso de Uc de Saint-Circ expressa bem a ambiguidade de se referir ao gozo do outro:

> Ah, que inveja me dá
> De ver outro alguém a gozar!

O poeta Raimon de Miraval nos faz compreender também que só é possível gozar imaginando o que seria o gozo de um outro em seu lugar.

Sofrimento e gozo são mesclados, mas é importante notar a ambiguidade da noção de "gozo do outro": ele é, ao mesmo

---

[13]*Ibid.*, p. 68-69.
[14]*Ibid.*, p. 285.

tempo, o do sujeito trovador (que o exprime através de seu canto), o da mulher com a qual o trovador se identifica (feminizando-se) e o do homem rival, que faz com que a mulher goze no lugar do trovador.

> Toda a poesia dos trovadores fundamenta-se nessa ambiguidade ou nessa hesitação no tocante ao objeto da vontade/inveja ("ter vontade de" ou "ter inveja de"): ter vontade da pessoa amada ou ter vontade do que ela tem, ou ainda ter inveja daquele cuja vontade em relação a ela é satisfeita. São três vontades diferentes, e é a mesma vontade. Aqui está o nó que liga o desejo e o ciúme.[15]

Há justamente aí um nó, aquele de um ser a três, que nos lembra o que encontramos com Lol V. Stein — com justamente a diferença de que, para ela, o ciúme não pôde se expressar.

A sublimação, de Freud a Lacan

Isso é capaz de nos introduzir à referência ao amor cortês na *Homenagem*, uma referência que faz com que ele aborde o tema da sublimação e a inscreva em *A ética da psicanálise*. Ao vincular amor cortês e sublimação, Lacan nos dá o exemplo de uma "função ética do erotismo"[16].

No seminário *A ética da psicanálise* Lacan, pela primeira vez, articula ética, sublimação e amor cortês — e voltará a

---

[15]*Ibid.*, p. 258.
[16]LACAN, J. (1959-1960) *O seminário, livro 7: A ética da psicanálise*, 2ª ed. Trad. A. Quinet. Rio de Janeiro: Editora Zahar, 2008, p. 184.

isso em seguida[17]. Mas a partir do seu seminário sobre as psicoses, começa a falar do amor cortês de uma forma que vai se revelar muito preciosa ao nosso propósito. Voltaremos a isso mais tarde.

Na *Homenagem*, Lacan introduz o tema da sublimação repreendendo os psicanalistas:

> Aí está o sentido da sublimação com que os psicanalistas ainda estão aturdidos pelo fato de que Freud, ao lhes legar esse termo, ficou de bico calado — advertindo, somente, que a satisfação que ela traz não deve ser tomada como ilusória. Isso não foi falar alto o suficiente, sem dúvida, já que, graças a eles, o público continua convencido do contrário. E também poupado, se não chegam a ponto de professar que a sublimação se mede pelo número de exemplares vendidos pelo escritor. É que aí desembocamos na ética da psicanálise, cuja introdução em meu seminário foi a linha divisória para o frágil tablado da sua plateia[18].

É verdade que os psicanalistas parecem um pouco aturdidos quando se lê a última frase do *Vocabulário da psicanálise* de Laplanche e Pontalis: "A ausência de uma teoria coerente da sublimação [por Freud] permanece sendo uma das lacunas do

---

[17]Por exemplo, em *L'identification* [A identificação] (14 de março e 11 de abril de 1962); *De um Outro ao outro*, em 1969 (p. 214, 220-233); *Les non-dupes errent*, em 1973 (18 de dezembro); *Mais, ainda*, em 1975 (p. 65).
[18]LACAN, J. (1965) Homenagem, feita a Marguerite Duras, com o arrebatamento de Lol V. Stein. In: LACAN, J. *Outros escritos*. Trad. V. Ribeiro. Rio de Janeiro: Editora Zahar, 2003, p. 203; trad. modificada. (N. de T.)

pensamento psicanalítico"[19]. Todavia, Lacan não os descredita. Pode ser que os psicanalistas estejam mesmo aturdidos, mas Freud tem a sua parte de responsabilidade nisso, na medida em que não teria falado alto o suficiente. Foi isso, então, o que Lacan teria feito ao propor em A *ética da psicanálise* uma teoria coerente da sublimação. Mas uma teoria que parte daquilo que Freud disse claramente e que não foi suficientemente escutado, a saber: que a satisfação da sublimação não é ilusória.

Em vários textos, Freud estabeleceu claramente a distinção entre sublimação e idealização; e ele afirmou que a sublimação é um dos destinos da pulsão sem recalcamento. "Na medida, portanto, em que a sublimação descreve algo que sucede à pulsão; e a idealização, algo que diz respeito ao objeto, devemos separá-las conceitualmente". E, adiante: "[...] a formação de ideal aumenta as exigências do Eu e é o que mais favorece o recalcamento; a sublimação representa a saída para cumprir a exigência sem ocasionar o recalcamento"[20].

Se a meta da pulsão é a satisfação, e a sublimação é uma pulsão inibida quanto à meta, podemos nos perguntar como isso é possível. Veremos como Lacan resolve a questão, simultaneamente voltando à meta da pulsão e propondo uma nova definição da sublimação.

---

[19]LAPLANCHE, J.; PONTALIS, J.-B. (1965) *Vocabulário da psicanálise*, 4ª ed. Trad. P. Tamem. São Paulo: Martins Fontes, 2001, p. 487. Talvez seja preciso escutar em *"la planche fragile de son parterre"* [o frágil tablado da sua plateia] uma alusão a Laplanche, que, no momento da publicação de seu dicionário, tinha acabado de se separar de Lacan.

[20]FREUD, S. (1914) Introdução ao narcisismo. In: FREUD, S. *Obras completas, vol. 12: Introdução ao narcisismo, Ensaios de metapsicologia e outros textos*. Trad. P. C. de Souza. São Paulo: Companhia das Letras, 2010, p. 41; trad. modificada.

Pulsão e sublimação

Segundo Freud, a pulsão é "extraviada de sua meta" (*Zielgehemmt*) na sublimação; e, no entanto, ela proporciona a satisfação. Como é possível? Em 1964, no seu seminário *Os quatro conceitos fundamentais da psicanálise*, Lacan soluciona, em parte, a questão.

Ele afirma que a função da pulsão é questionar a satisfação. Os sintomas também proporcionam uma satisfação, mas bem se vê que o sujeito faz "mal demais" para si a fim de obtê-la por essa via. É isso que justifica a intervenção da análise, e a "retificação" — se é que há uma — faz-se no nível da pulsão.

Mas, nota Lacan, a via tomada é paradoxal; ela passa entre duas muralhas de impossível: a que faz com que haja um real que escapa ao princípio do prazer através da sua dessexualização; e a que se deve ao fato de o impossível estar inscrito no princípio do prazer porque nenhum objeto de necessidade consegue satisfazer a pulsão. A pulsão tem a ver não com a necessidade, mas com o objeto *a*, causa do desejo, que ela contorna[1]. Dando forma ao trajeto deste, Lacan traz uma solução para o problema da satisfação. Ele distingue, graças ao inglês, dois tipos de *Ziel* (meta): o *goal* e o *aim*. A meta da satisfação da pulsão seria então o *aim*, o trajeto pelo qual ela faz a volta em torno da fonte (*Quelle*).

Isso não desloca para o nível do *goal* a inibição quanto à meta? A pulsão deveria, então, ser considerada "*goalgehemmt*", e não "*aimgehemmt*". É a possibilidade de atingir a meta, de contabilizá-la como gol (como no futebol) que seria inibida. Isso deveria ser relacionado ao impossível da escrita, da contagem (das vezes que se atingiu a meta), da relação sexual, de uma escrita de uma relação entre um gozo de essência masculina e um gozo de essência feminina — na medida em que essa última é um "gozo limítrofe". "É-se mais ou menos culpado pelo real"[2], diz Lacan; será que isso não quer dizer que se é culpado por não fazer o gol, atingir a meta?

É nesse sentido que ele parece caminhar, em 1969, no seminário *De um Outro ao outro* — no qual enuncia, pela primeira vez, que não há relação sexual. Ele retoma a questão da sublimação como modo de satisfação referindo-se ironicamente ao que havia dito em *Os quatro conceitos*:

---

[1] LACAN, J. (1964) *O seminário, livro 11: Os quatro conceitos fundamentais da psicanálise.* Trad. M.D. Magno. Rio de Janeiro: Editora Zahar, 1985, p. 157-160.
[2] LACAN, J. (1977) *L'insu que sait de l'une-bévue s'aile à mourre*, 15 de março de 1977, publicado em *L'unebévue*, n. 21. Paris, 2004.

Já tentei articular o que se dá com essa meta. Talvez, com efeito, seja preciso associar ao nível da meta o caminho do alvo para enxergar com mais clareza. Mas qual a necessidade dessas argúcias, depois do que produzi hoje diante dos senhores? Nada é mais fácil do que ver a pulsão satisfazer-se fora da sua meta sexual. Essa meta — seja lá de que forma ela for definida — está fora do campo daquilo que é essencialmente definido como aparelho da pulsão[3].

"Fora do campo" porque se refere à escrita da relação sexual, que não há. Não há pulsão genital que reúna as pulsões parciais num todo (a *ganze Sexualstrebung*); são as pulsões parciais que desempenham o papel de representante da sexualidade, e sua estrutura de borda contribui para isso. A pulsão, parcial, representando apenas parcialmente a sexualidade, não pode servir para escrever a relação sexual; a sua satisfação só pode errar a meta e o recurso ao *aim* seria da ordem de uma argúcia. A não escrita da relação sexual faz furo no gozo sexual. Um furo no qual se localiza a estrutura de borda da pulsão que, ao mesmo tempo, serve como defesa:

> [...] se não houvesse a configuração de vacúolo, de furo próprio ao gozo — que é algo insuportável para o que é regulado como tensão temperada —, os senhores não veriam nada no sexual que fosse análogo ao que chamo, na pulsão, de uma estrutura de borda.[4]

---

[3]LACAN, J. (1968-1969) *O seminário, livro 16: De um Outro ao outro*. Trad. V. Ribeiro. Rio de Janeiro: Editora Zahar, 2008, p. 209; trad. modificada.
[4]*Ibid.*, p. 224; trad. modificada.

É considerando a configuração desse furo, ou vacúolo — ao qual ele vai dar um nome, *das Ding*, a Coisa —, que Lacan vai redefinir a sublimação. "Direi aos senhores apenas que a relação da sublimação com o gozo como gozo sexual — já que é disso que se trata — só pode ser explicada pelo que chamarei, literalmente, de anatomia do vacúolo"[5].

Sua redefinição da sublimação apoia-se numa nova estruturação da pulsão a partir do que disse Freud: de um lado, precisando o que cumpre entender como sendo a sua meta (a satisfação); de outro, situando-a em função da não relação sexual. *Das Ding* constitui o eixo dessa redefinição e é justamente no seminário A *ética da psicanálise* que ele fornece, pela primeira vez, a sua apresentação.

A coisa a partir da *ética*

Lacan extrai *das Ding*, a Coisa, do *Projeto de uma psicologia* de Freud. O termo designa aquilo que, na primeira apreensão da realidade pelo sujeito (a saber, o complexo do *Nebenmensch*: o próximo, o semelhante), resiste à percepção de atributos; aquilo que não pode ser rememorado, que "[permanece] junto como Coisa (*als Ding*)"[6] que se impõe como aparelho constante. Essa Coisa reúne o que há de mais íntimo para o sujeito — e que é o lugar de um gozo — e uma radical exterioridade. É o que Lacan chama de *extimidade*. Ela é tanto o real do sujeito quanto o real

---

[5]*Ibid.*, p. 226; trad. modificada.
[6]FREUD, S. (1895) Projeto de uma psicologia. In: GABBI Jr., O. F. *Notas a Projeto de uma psicologia: as origens utilitaristas da Psicanálise*. Rio de Janeiro: Imago, 2003, p. 208.

com o qual ele tem de se haver como sendo exterior a ele[7]. É um extrassignificado, o Outro absoluto, pré-histórico, do qual fala Freud em sua carta a Fliess de 6 de dezembro de 1896[8]. Os significantes do princípio do prazer giram em volta sem atingi-lo; o objeto que o ocupa deve ser reencontrado (*wiederzufinden*), ainda que nunca tenha sido perdido: "O objeto é, por natureza, um objeto reencontrado. Que ele tenha sido perdido é consequência disso — mas ulteriormente. E, portanto, ele é reencontrado, sendo que a única maneira de saber que ele foi perdido é através desses reencontros"[9].

O vazio da Coisa confunde-se com a origem do significante: *ex nihilo*. Há identidade entre a moldagem do significante e a introdução, no real, de uma hiância, de um furo: O vaso é "um objeto feito para representar a existência do vazio no centro do real que se chama 'Coisa'; esse vazio, tal como se apresenta na representação, apresenta-se efetivamente como um *nihil*, como nada"[10]. O vaso, significante moldado, é a noção de criação *ex nihilo*. O vazo está sempre vazio, pois ele é moldado para criar o vazio que ele vai circunscrever. A criação *ex nihilo* designa uma retirada do divino em sua criação, uma separação em relação a ela.

---

[7]LACAN, J. (1959-1960) *O seminário, livro 7: A ética da psicanálise*, 2ª ed. Trad. A. Quinet. Rio de Janeiro: Editora Zahar, 2008, p. 144.
[8]MASSON, J. M. (org.) *A correspondência completa de Sigmund Freud para Wilhelm Fliess [1887-1904]*. Trad. V. Ribeiro. Rio de Janeiro: Imago, 1986, p. 208-215. (N. de T.)
[9]LACAN, J. (1959-1960) *O seminário, livro 7: A ética da psicanálise*, 2ª ed. Trad. A. Quinet. Rio de Janeiro: Editora Zahar, 2008, p. 67 e 145; trad. modificada.
[10]*Ibid.*, p. 148; trad. modificada.

Ela significa que há um vazio no Outro[11]. "A perspectiva criacionista é a única que permite entrever a possibilidade da eliminação radical de Deus"[12].

Assim, graças a esse termo — "Coisa" —, vai-se na direção de uma nova definição da sublimação:

> Esse campo que chamo de "campo da Coisa", esse campo onde se projeta algo além, na origem da cadeia significante — lugar onde tudo o que é lugar do ser é posto em causa; lugar eleito onde se produz a sublimação, da qual Freud nos apresenta o mais maciço exemplo [com a noção de "pulsão de morte", "sublimação criacionista"] —, de onde é que saem a sua perspectiva e a sua noção?[13]

A nova definição da sublimação por Lacan precisa-a em intensão — fazendo-a rodopiar em torno do vazio da Coisa — e amplia a sua extensão, visto que inclui a invenção da pulsão de morte e incluirá também o nome do pai, como veremos.

> Essa Coisa, da qual todas as formas criadas pelo homem são do registro da sublimação, será sempre representada por um vazio, precisamente pelo fato de que ela não poder ser representada por outra coisa; ou, mais exatamente, de ela só poder ser representada por outra coisa. Mas em toda forma de sublimação o vazio será determinante[14].

---

[11]CAUSSE, J.-D. Le concept de création *ex nihilo* et ses enjeux cliniques. In: VINOT, F.; VIVES, J.-M. *Les médiations thérapeutiques par l'art*. Toulouse: érès, 2014.
[12]LACAN, J. (1959-1960) *O seminário, livro 7: A ética da psicanálise*, 2ª ed. Trad. A. Quinet. Rio de Janeiro: Editora Zahar, 2008, p. 256.
[13]*Ibid.*, p. 257; trad. modificada.
[14]*Ibid.*, p. 158; trad. modificada.

Eis, então, essa nova definição da sublimação, que, estendendo Freud, concede-lhe a sua coerência lá onde ele não soube, segundo Lacan, se fazer ouvir:

> No nível da sublimação, o objeto é inseparável de elaborações imaginárias e, muito especialmente, culturais. Não que a coletividade as reconheça simplesmente como objetos úteis — ela encontra aí o campo de descanso pelo qual pode, de algum modo, engodar-se a respeito de *das Ding*; colonizar, com as suas formações imaginárias, o campo de *das Ding*. É nesse sentido que as sublimações coletivas, socialmente aceites, se exercem[15].

Esses elementos que Lacan chama, então, de "imaginários" são os que assumem o lugar de objetos *a* na fantasia ($ \$ \Diamond a$).

Um pouco mais adiante Lacan retoca a sua definição: "[...] a fórmula mais geral que lhes dou da sublimação é a seguinte: ela eleva um objeto — e aqui não vou recusar as ressonâncias de trocadilho que pode haver no uso do termo que vou trazer — à dignidade da Coisa"[16]. O objeto *a* se aloja no vacúolo da Coisa, chegando a comichar por dentro, como a limalha de ferro que teria substituído o otólito de uma dáfnia: "O objeto *a* desempenha esse papel em relação ao vacúolo. Dito de outro modo, ele é o que comicha *das Ding* por dentro. Aí está. É isso que constitui o mérito essencial de tudo o que chamamos de obra de arte"[17].

---

[15]*Ibid.*, p. 123; trad. modificada.
[16]*Ibid.*, p. 137; trad. modificada.
[17]LACAN, J. (1968-1969) *O seminário, livro 16: De um Outro ao outro*. Trad. V. Ribeiro. Rio de Janeiro: Editora Zahar, 2008, p. 227; trad. modificada.

"A Coisa é ao mesmo tempo Não-Coisa"[18] — daí a escrita *Acoisa*, que encontramos em Lacan[19]. Além disso, se há a elevação de um objeto à dignidade de Coisa, é ao mesmo tempo em que ela advém. Moustapha Safouan questiona a respeito de saber "se a sublimação é uma elevação do objeto à categoria da Coisa ou, mais exatamente, uma produção desta graças à impossibilidade de algumas reduções — como as da visão ao olhar, do espaço ao lugar ou, ainda, da luz à oscilação"[20]. Não se teria como admitir, de fato, que a elevação do objeto (pela impossibilidade de reduções) não seja sincrônica à produção da Coisa.

O amor cortês representa, segundo Lacan, uma formação cultural e poética que lhe serve de modelo de sublimação, na medida em que a Dama encarna a Coisa. Ela não é idealizada, mas representa um "parceiro" elevado à dignidade da Coisa.

Antes de chegar à sublimação do amor cortês e à sua função na *Homenagem* de Lacan, tratemos de responder uma pergunta que pôde ser formulada.

Pulsão ou sublimação?

A pulsão é uma montagem, até mesmo uma ficção lógica, para deslindar o eco do dizer no corpo[21]. Clinicamente, na

---

[18]LACAN, J. (19859-1960) *O seminário, livro 7: A ética da psicanálise*, 2ª ed. Trad. A. Quinet. Rio de Janeiro: Editora Zahar, 2008, p. 166. (N. de T.)
[19]LACAN, J. (1971) Lituraterra. In: LACAN, J. *Outros escritos*. Trad. V. Ribeiro. Rio de Janeiro: Editora Zahar, 2003, 2001, p. 21.
[20]SAFOUAN, M. *Dix conférences de psychanalyse*. Paris: Fayard, 2001, p. 87.
[21]LACAN, J. (1975-1976) *O seminário, livro 23: O sinthoma*. Trad. S. Laia. Rio de Janeiro: Editora Zahar, 2007, p. 18.

prática da análise, ela se situa no só-depois; não é possível captá-la enquanto ela estiver se efetivando[22]. A sublimação é uma abordagem privilegiada disso.

Lacan nota que

> A sublimação, que confere ao *Trieb* uma satisfação diferente de sua meta — sempre definida como sendo a sua meta natural —, é precisamente o que revela a natureza própria ao *Trieb*, na medida em que ele não é puramente o instinto, mas tem relação com *das Ding* como tal, com a Coisa enquanto distinta do objeto.[23]

Seu destino de sublimação a representa; e falar em "sublimação" consiste numa abordagem adequada da pulsão, da sua "natureza própria", visto que é um destino sem recalcamento.

A questão, então, é a seguinte: onde começa a diferença entre pulsão e sublimação, se essa última é uma satisfação da primeira sem recalcamento? Ou então: é possível falar da pulsão fora de um dos seus destinos? É pertinente falar em dessexualização no caso da sublimação? Seria preciso, então, falar também de uma dessexualização da pulsão.

Em *Conferências introdutórias à psicanálise*, Freud escreve a propósito da sublimação:

---

[22]CONTÉ, C., La clinique du graphe: $D, *Lettres de l'École freudienne*, Bulletin intérieur de l'École freudienne de Paris, n. 18, abril de 1976, pp. 76, 79. Cf. também: *Lettres de l'École freudienne*, n. 21, agosto de 1977.
[23]LACAN, F. (1959-1960) *O seminário, livro 7: A ética da psicanálise*, 2ª ed. Trad. A. Quinet. Rio de Janeiro: Editora Zahar, 2008, p. 137; trad. modificada.

Nele [esse processo de sublimação], a aspiração sexual abre mão de sua meta voltada para o prazer parcial ou para o desejo de reprodução em favor de outra, geneticamente relacionada com a anterior, mas que já não pode ser chamada de sexual, e sim de social.[24]

Sem discutir a existência de um "desejo de reprodução", insistamos no fato de que, para Freud, a sublimação está "geneticamente" ligada ao sexual. Se o "processo" (estamos retomando o termo do próprio Freud, caso se julgue inadequado empregar aqui esse termo que indica algo automático) é chamado de "social", é porque ele é valorizado socialmente, criador de valores socialmente reconhecidos, mas não em razão do recalcamento de que o social pode ser portador.

Se o processo não pode ser chamado de "sexual" é porque não há pulsão sexual total reunindo todas as pulsões numa pulsão genital; e porque são, portanto, as pulsões parciais que representam o sexual. Daí a insatisfação inerente à sexualidade (independentemente do recalcamento) à qual Freud faz referência em *Mal-estar na civilização*. Insatisfação com o absentismo de escrita da relação sexual, com seu *absensismo*. É nessa hiância para a qual a pulsão faz borda que o objeto *a* vai se alojar:

> O *a* vem substituir a hiância que se designa no impasse da relação sexual e redobra a divisão do sujeito, conferindo-lhe

---

[24]FREUD, S. (1917) 22. Considerações sobre desenvolvimento e regressão. Etiologia. In: FREUD, S. *Obras completas, vol. 13: Conferências introdutórias à psicanálise*. Trad. S. Tellaroli. São Paulo: Companhia das Letras, 2014, p. 459.

a sua causa, que até então não era apreensível de maneira alguma — pois o próprio da castração é que nada possa enunciá-la, propriamente falando, uma vez que a sua causa está ausente. Em seu lugar vem o objeto *a*, como causa substituta do que constitui, radicalmente, a falha do sujeito[25].

Colorados pelo falo, os objetos *a* suplementam a hiância da relação sexual. Eles são a-sexuados, como o Outro de que são o *form-ilhão*[26]. Se a sublimação consiste em elevar o objeto *a* à dignidade de Coisa, ela não é mais dessexualizada que a pulsão por si só.

Vejamos agora as implicações em dizer que a sublimação é um destino da pulsão sem recalcamento. Sem dúvida cumpre precisar que se trata dos recalcamentos secundários e que o recalcamento primário permanece. Por outro lado, isso não quer dizer que *todos* os representantes da representação (os significantes) da pulsão sejam isentos de recalcamento.

Visto que a pulsão está na juntura do somático com o psíquico (Freud), do dizer com o gozo — que ela "designa, por si só, a conjunção da lógica com a corporeidade"[27] —,

---

[25]LACAN, J. (1968-1969) *O seminário, livro 16: De um Outro ao outro*. Trad. V. Ribeiro. Rio de Janeiro: Editora Zahar, 2008. p. 335.
[26]LACAN, J. (1972-1973) *O seminário, livro 20: Mais, ainda*, 2ª ed. Trad. M.D. Magno. Rio de Janeiro: Editora Zahar, 1985, p. 172 e LACAN, J. (1968-1969) *O seminário, livro 16: De um Outro ao outro*. Trad. V. Ribeiro. Rio de Janeiro: Editora Zahar, 2008, p. 301; trad. modificada [No original, trata-se do termo *en-forme*, no qual ecoa *enforme* (formilhão): nome da peça que serve de molde/fôrma para a construção de chapéus. (N. de T.)].
[27]LACAN, J. (1968-1969) *O seminário, livro 16: De um Outro ao outro*. Trad. V. Ribeiro. Rio de Janeiro: Editora Zahar, 2008, p. 223; trad. modificada.

ela é em parte determinada pelos significantes da demanda, oriundos das necessidades. O trajeto em torno de uma fonte, a zona erógena, pelo qual a pulsão encontra a sua satisfação é, ao mesmo tempo, corpóreo e linguístico. Ele se enraíza na gramática (ativo, passivo, reflexivo — por exemplo: *comer, ser comido, se fazer comer*). Os trajetos da pulsão seguem os trajetos da demanda ao Outro e essa última determina a qualidade do objeto: *demanda ao* Outro, para o objeto oral; *demanda do* Outro, para o objeto anal; *desejo ao* Outro, para o objeto "olhar"; *desejo do* Outro, para o objeto "voz".

Se há recalcamento dos significantes da demanda, o trajeto pode ser alterado, desviado, interrompido, bem como tomar caminhos mais complexos com vistas à satisfação. Como evocamos, Lacan vê nisso, até certo ponto, a justificativa para a intervenção analítica, a fim de que o sujeito se cause menos mal para atingi-la. Logo, a suspensão dos recalcamentos fornece à pulsão circuitos menos complicados, que abrem alas para a sublimação. Contudo, jamais se pode dar a sublimação por consumada e sempre continuará havendo zonas de recalcamento.

A suspensão dos recalcamentos não suprime a pulsão, mas desvela-lhe a estrutura; estrutura essa notada pela fórmula ($ \$ \lozenge D $): a conjunção da demanda (D) com a pulsão que se poderia chamar de "grito"[28] — e que Lacan situa na linha de cima do grafo:

---

[28]LACAN, J. (1964) *O seminário, livro 11: Os quatro conceitos fundamentais da psicanálise.* Trad. M.D. Magno. Rio de Janeiro: Editora Zahar, 1985, p. 198.

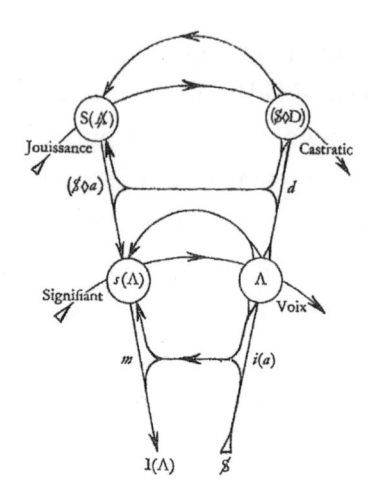

Figura 12

O punção é o mesmo que o da fórmula da fantasia; ele tem uma função de borda, de corte, de junção-disjunção entre várias operações ou termos: a alienação e a separação; os furos do corpo e os significantes; o isso (o "não eu penso") e o inconsciente (o "não eu sou"); a continuidade do trajeto pulsional (sua gramática) e a descontinuidade dos significantes que surgem no *Witz* [chiste].

Acaso se pode dizer, a essa altura, que ($S◊D$) seria a fórmula da sublimação? Seria excessivo. A fórmula está, no grafo, numa posição de código; ela remete a uma mensagem S(A). Nesse lugar, S(A), nós colocaríamos a Coisa e a não relação sexual. A pulsão é o código com o qual o sujeito pode decifrar a sua relação com o gozo sexual, levando em conta a relação que falta, o seu absensismo, o vazio da Coisa. A sublimação seria, a nosso ver, essa passagem, esse circuito que vai da fórmula da pulsão à do significante do Outro barrado — ou seja, o circuito que vai das pulsões parciais à não relação sexual —, justamente pelo fato de que a sexualidade só é representada parcialmente no inconsciente. Se a pulsão está do lado do código, a sublimação está do lado do sujeito que recebe a sua mensagem, decantada dos seus recalcamentos — nesse caso, a mensagem da sua *extimidade*. A sublimação seria uma ética (relação com o real da Coisa) do erotismo pulsional.

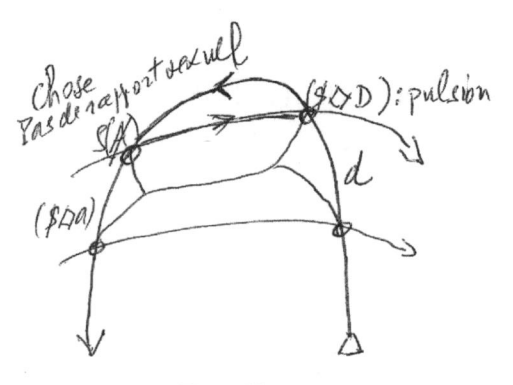

Figura 13

Segundo o grafo, é uma via que se atinge também, ou simultaneamente, passando pela fantasia. Isso seria então o que Lacan, endereçando-se a Marguerite Duras, chama de "recuperar um objeto através da sua arte"[29].

---

[29]Cf. LACAN, J. (1965) Homenagem, feita a Marguerite Duras, com o arrebatamento de Lol V. Stein. In: LACAN, J. *Outros escritos*. Trad. V. Ribeiro. Rio de Janeiro: Editora Zahar, 2003, p. 203. (N. de T.)

O amor cortês em anamorfose[1]

Gostaríamos de mostrar que a *Homenagem* não se contenta em falar da sublimação — nem em dela fornecer um exemplo, por mais demonstrativo que seja —, mas constitui, em si mesma, na sua escrita e no seu estilo, uma sublimação da qual Lacan faz participar aquele que resolveu lê-lo (escolhê-lo). Lacan não escreve sobre a sublimação, somente. Ele escreve a sublimação. De certa forma, ele vai ao encontro daquilo que ele dizia da análise no final do seu seminário *O desejo e sua interpretação*, que precede o da ética e termina com uma lição sobre a sublimação:

---

[1] Título dado por J.-A. Miller para a lição XI do seminário A *ética da psicanálise*.

A análise não é uma simples reconstituição do passado, tampouco é uma redução a normas pré-formadas; a análise não é um *epos*, não é um *ethos*. Se tivesse de compará-la com algo, seria com um relato que fosse, ele mesmo, o lugar do (re)encontro em questão no relato[2].

O relato sobre Lol feito por Lacan é o lugar do encontro de que se trata no relato de Lol.

Neste final, recorrerei à figura da anamorfose de que Lacan se serve em *A ética* para ilustrar a sua apresentação da Coisa e, portanto, da sublimação. É como figura de estilo que ela tem o seu lugar, a nosso ver, na *Homenagem* — e isso com o intermédio da citação da Novela X de *O heptamerão*, de Margarida de Navarra.

No seu seminário *A ética*, Lacan promove o amor cortês como exemplo da sublimação. No entanto, não é a primeira vez que ele fala do amor cortês; encontramos um primeiro desenvolvimento a esse respeito no seu seminário *As psicoses*[3], de uma forma que ganha, na ulterioridade, um relevo particular com relação a Lol V. Stein. Na perspectiva dessa passagem, o amor de Lol V. Stein pode ser visto como uma forma degradada do amor cortês.

Ele começa trazendo a questão do amor na psicose e, daí, evoca o caso exemplar do amor cortês, cuja nuance original se perdeu e que ele qualifica como "técnica espiritual": "Era uma técnica espiritual que tinha os seus modos e os

---

[2]LACAN, J. (1958-1959) *O seminário, livro 6: O desejo e sua interpretação*. Trad. C. Berliner. Rio de Janeiro: Editora Zahar, 2016, p. 518.
[3]LACAN, J (1955-1956) *O seminário, livro 3: As psicoses*, 2ªed., A. Menezes. Rio de Janeiro: Editora Zahar, 1985, p. 287-289.

seus registros — que mal entrevemos, haja vista a distância a que estamos dessas coisas"[4]. Lacan recapitula diferentes formas de amor que foram se sucedendo — até chegar ao amor da imagem de uma dama sobre a tela de cinema — e que seriam formas degradadas do amor cortês, sendo uma delas a loucura.

> O caráter de degradação alienante, de loucura, que conota os resquícios dessa prática, perdidos no plano sociológico, nos apresenta a analogia do que se passa com o psicótico e dá sentido à frase de Freud que eu lhes trouxe dia desses: de que o psicótico ama o seu delírio como a si próprio. O psicótico só consegue apreender o Outro na relação com o significante; ele só se demora numa casca, num envoltório, numa sombra, na forma da fala. Ali onde a fala está ausente é que se situa o Eros do psicotizado; é ali que ele encontra o seu supremo amor. [...] Para o psicótico, é possível uma relação amorosa que o abole como sujeito, enquanto ela admite uma heterogeneidade radical do Outro. Mas esse amor é também um amor morto.[5]

Em 1956, Lacan considera que o amor na loucura é uma forma degradada do amor cortês, mas ele ainda não estabeleceu o vínculo entre amor cortês e sublimação. Sem dúvida graças a esse vínculo ele substituiria a palavra "degradado" por uma outra ("desconectada", no sentido de uma desintricação da plasticidade das pulsões?). Mas resta o fato de que essa referência da loucura no amor cortês antecipa a

---

[4]*Ibid.*, p. 288; trad. modificada.
[5]*Ibid.*, p. 288 e 287; trad. modificada.

Homenagem, em que o caso da loucura de Lol se situa no âmbito da sublimação.

Vimos anteriormente como Lacan faz a problemática da sublimação girar em torno do vazio da Coisa. O amor cortês lhe corresponde na medida em que se pode ver na Dama — de quem o trovador se faz vassalo — uma encarnação da Coisa, com um dispositivo cultural e poético que determina o seu impossível acesso, não por insuficiência ou obstáculo exterior, mas pelo fato de uma impossibilidade estrutural de preencher o vazio da Coisa.

> O objeto feminino [...] se introduz pela porta muito singular da privação, da inacessibilidade. [...] Não há possibilidade de cantar a Dama, em sua posição poética, sem o pressuposto de uma barreira que a circunde e a isole [...] O que a poesia cortesã tende a fazer deve ser situado no lugar da Coisa e nessa época cujas coordenadas históricas nos mostram certa discórdia entre as condições particularmente severas da realidade e determinadas exigências de fundo, certo mal-estar na cultura. A criação da poesia consiste em estabelecer — conforme o modo da sublimação próprio à arte — um objeto que eu chamaria de enlouquecedor, um parceiro desumano.[6]

É porque ela ocupa essa função simbólica que se pode também falar com a Dama nos termos mais crus.

Depois do seu seminário *A ética da psicanálise* Lacan volta várias vezes ao amor cortês, sem variar o fundo da sua

---

[6]LACAN, J. (1959-1960) *O seminário, livro 7: A ética da psicanálise*, 2ª ed. Trad. A. Quinet. Rio de Janeiro: Editora Zahar, 2008, p. 181-182; trad. modificada.

interpretação. Em *L'identification* [A identificação], ele evoca o paradoxo da sublimação, a saber, "que é pelas vias aparentemente contrárias ao gozo que o gozo é obtido". E logo em seguida vem o exemplo do amor cortês, justamente na medida em que ele daria razão a esse paradoxo:

> Isso só é propriamente pensável uma vez que, no gozo, o *medium* que intervém — meio pelo qual se acessa o fundo (que só pode ser, como mostrei aos senhores, a Coisa) —; que esse *médium*, também, só pode ser um significante. Daí esse aspecto estranho que, a nosso ver, a Dama assume no amor cortês: não conseguimos acreditar nisso porque já não podemos identificar, a esse ponto, um sujeito vivo a um significante — uma pessoa que se chama Beatriz com a sabedoria e com aquilo que era, para Dante, o conjunto, a totalidade do saber. Não está totalmente fora de questão, pela natureza das coisas, que Dante tenha efetivamente se deitado com Beatriz. Isso não muda absolutamente nada com relação ao problema. Acredita-se saber que não. Isso não é fundamental na relação[7].

Em *Mais, ainda* Lacan esclarece bem o vínculo do amor cortês com a escrita impossível da relação sexual. O amor cortês "é uma forma totalmente refinada de suprir a ausência de relação sexual, fingindo que somos nós que lhe colocamos obstáculo. É, de verdade, a coisa mais formidável que já se tentou. Mas como denunciar esse fingimento?"[8].

---

[7]LACAN, J. (1961-1962) *Le séminaire, livre IX: L'identification*, sessão de 14 de março de 1962, inédito.
[8]LACAN, J. (1972-1973) *O seminário, livro 20: Mais, ainda*, 2ª ed. Trad. M.D. Magno. Rio de Janeiro: Editora Zahar, 1985, p. 94; trad. modificada.

Em *Les non-dupes errent* é novamente o amor cortês que ele escolhe como forma exemplar do amor, inscrevendo-o na topologia do nó borromeano, com o amor como meio imaginário entre o real da morte e o simbólico do dizer do amor que "suporta o gozo" e que dá à luz a poesia cortesã[9].

A anexação do amor cortês à sublimação *via* vazio da Coisa seria incompleta se não somada a uma referência à perspectiva. À primeira vista, ela é surpreendente no seminário *A ética*

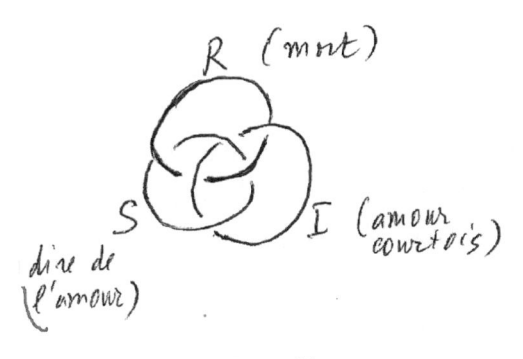

R (mort)
S (dire de l'amour)
I (amour courtois)

Figura 14

da psicanálise, mas se aclara quando nos lembramos de que nós mesmos tivemos de recorrer a ela para ler o texto de Lol. É justamente porque há no amor cortês algo difícil de ser representado que se recorre à perspectiva, que é o que dá lugar ao que escapa à representação. Pode-se ver aí uma discreta alusão de Lacan em *L'identification*, quando ele se refere à literatura das cartas para as princesas no século XVII. Essas princesas representavam tipos de suplências da Dama do

---

[9] LACAN, J. (1973-1974), *Le séminaire, livre XXI: Les non-dupes errent*, sessão de 18 de dezembro de 1973, inédito.

amor cortês. No que concerne a este último, ele confessa: "Só pude verdadeiramente conceder a vocês tipos de projeções, como quem tenta figurar num outro espaço figuras de quatro dimensões que não é possível representar"[10].

A referência à perspectiva passa por uma das suas invenções: a anamorfose, isto é, a transformação — através da utilização das regras da perspectiva — de imagens até torná-las irreconhecíveis, a não ser que se adote outro ponto de vista ou um artifício externo (um espelho cilíndrico, por exemplo). As mesmas regras da perspectiva que dão a ilusão da realidade podem conceder uma realidade significante material à ilusão. A organização de uma encenação da inacessibilidade do objeto aproxima a anamorfose e o amor cortês.

A anamorfose representa, segundo Lacan, um ponto de virada da história da escultura e da pintura em relação ao vazio da Coisa. A arquitetura primitiva, tal como ele diz, é organizada em torno de um vazio. Daí, pinta-se a arquitetura nas paredes da arquitetura, e a própria pintura organiza-se em torno de um vazio. Descobre-se então a perspectiva. A pintura aprende a dominar o vazio, ela se dedica a fixá-lo sob a forma da ilusão do espaço. Com a anamorfose há um nó, um ponto de virada: "trata-se [...] de reindicar que aquilo que buscamos na ilusão é algo em que a própria ilusão se transcende de algum modo, se destrói, mostrando que ela só está ali enquanto significante"[11].

---

[10]LACAN, J. (1961-1962) *Le séminaire, livre IX: L'identification*, sessão de 11 de abril de 1962, inédito.
[11]LACAN, J. (1959-1960) *O seminário, livro 7: A ética da psicanálise*, 2ª ed. Trad. A. Quinet. Rio de Janeiro: Editora Zahar, 2008, p. 166; trad. modificada.

A anamorfose é representativa de uma tentativa, na arte, de cingir a Coisa:

> O interesse pela anamorfose é descrito como o ponto de virada em que, dessa ilusão do espaço, o artista reverte completamente a sua utilização e se esforça para fazê-la entrar na meta primitiva, a saber, de fazer dela, como tal, o suporte dessa realidade enquanto escondida — uma vez que, de certa forma, numa obra de arte sempre se trata de cingir a coisa[12].

Revertendo a ilusão do espaço, o pintor reverte o olhar, ele se faz olhar pela pintura.

Na sessão de 3 de fevereiro de 1960, Lacan apresenta uma anamorfose cilíndrica de um quadro da *Crucificação*, imitado de Rubens, que pertenceu a Jacques Prévert. Ele vai se referir a isso mais uma vez, numa das últimas sessões de A *ética*:

> Aqui, certo dia, mostrei-lhes uma anamorfose: a mais bela que encontrei para o uso dos senhores, e que é verdadeiramente exemplar, para além de toda esperança. Os senhores se recordam do cilindro em torno do qual surge esse fenômeno singular. Propriamente falando, não se pode dizer — do ponto de vista ótico — que haja uma imagem ali. Sem entrar na definição ótica da coisa, é na medida em que em cada geratriz do cilindro se produz um fragmento infinitesimal de imagem que vemos produzir-se a superposição de uma série de tramas, por meio do que aparece para além do espelho uma maravilhosa ilusão, uma imagem muito bela

[12]*Ibid.*, p. 171; trad. modificada.

da paixão, ao passo que algo bastante dissoluto e asqueroso se esparrama em volta.[13]

Na anamorfose cilíndrica, a imagem — deformada ("asquerosa"), decomposta e estirada segundo as regras da perspectiva — é disposta em torno de um furo onde se coloca um espelho cilíndrico que a recompõe em sua beleza. O espelho da anamorfose cilíndrica tem um papel de limite e participa da inacessibilidade do objeto, o que faz parte da sua elevação à dignidade de Coisa. O espelho tem aqui uma função simbólica. Ele não devolve uma imagem da realidade, mas uma pintura já submetida às leis simbólicas da perspectiva; e, essa pintura, ele a reforma depois de ela ter sido deformada por essas mesmas leis da perspectiva. O espelho é o limite da Coisa vazia e do objeto que ali se aloja. Ele presentifica a elisão do olhar como objeto *a*, que se encontra nesse tempo e nesse espaço entre duas imagens (deformada e reformada). Quando Lacan for falar novamente dessa anamorfose da *Crucificação* em A *transferência*, no ano seguinte, irá evocar mais uma vez esse "limite para nos impedir de ir mais longe no cerne da Coisa"[14]. De igual maneira, a beleza da Dama no amor cortês constitui limite à crueldade da sua inacessibilidade[15].

---

[13]LACAN, J. (1959-1960) *O seminário, livro 7: A ética da psicanálise*, 2ª ed. Trad. A. Quinet. Rio de Janeiro: Editora Zahar, 2008, p. 322; trad. modificada.
[14]LACAN, J. (1960-1961) *O seminário, livro 8: A transferência*. Trad. D. D. Estrada. Rio de Janeiro: Editora Zahar, 2010, p. 382; trad. modificada.
[15]Cf. o artigo de DOUVILLE, O. D'un au-delà de la métaphore, ou lorsque l'anamorphose brise l'allégorie, *Figures de la psychanalyse*, n. 11. Toulouse: érès, 2005.

A função simbólica do espelho cilíndrico na anamorfose não é surpreendente, caso pensemos no dispositivo simbólico que, em Lacan, o esquema ótico do buquê invertido representa; mesmo o estágio do espelho desempenha um papel simbólico de identificação e de matriz simbólica para o "eu" [je], no limite do imaginário e do simbólico.

Em francês, o uso do termo *miroir* [espelho] atesta, aliás, essa função simbólica. Ele vem do latim *miror*: surpreender; admirar; olhar atentamente, com admiração. A palavra *mirer* [mirar] aparece com o sentido de olhar atentamente, contemplar, admirar. Em seguida vieram: mirar-se, olhar-se num espelho. O termo *miroir* aparece a partir do século XII. Na Idade Média, o objeto é de aço ou de cristal de rocha e, a partir do século XIV, é de vidro revestido de chumbo ou prata. A invenção do estanho, no século XV, permanece um segredo guardado até o século XVII. No francês antigo, *miroir* desenvolveu os sentidos figurados de "modelo", de "tipo ideal", empregados sobretudo em contextos didáticos teológicos ou morais.

Essa outra acepção do termo *miroir* encontra-se, por exemplo, em *Le miroir des simples âmes anéanties et qui seulement demeurent en vouloir et désir d'amour* [O espelho das simples almas aniquiladas e que perseveram em querer e desejo de amor][16], de Marguerite Porete, que foi queimada viva em Paris no ano de 1310, depois de um processo conduzido pela Inquisição, que declarou heréticas as teses do livro. O espelho é o próprio Deus no qual o eu [moi] se aniquila a fim de se identificar com Deus e ir ao encontro do seu eu

---

[16]Publicado pela editora Jérôme Million (Grenoble, 2001).

[moi] originário. A alma encontra, por amor, o Deus amor, despojando-se do seu eu [moi]. Para retomar uma expressão de Margarida de Navarra, trata-se de "almas arrebatadas pelo amor de Deus". É significativo constatar a permanência de certo vocabulário entre o amor cortês, Marguerite Porete, Margarida de Navarra e Marguerite Duras. Em seu texto, Marguerite Porete retoma, para descrever suas experiências espirituais, o vocabulário do amor cortês que a precedeu (século XI-XII) — por exemplo, a noção do "arrebatamento do longe-perto". Ele lhe serve até para renomear a Trindade (cap. 61). Num poema endereçado a Marguerite Porete, Margarida de Navarra (século XVI) celebra precisamente o "longe-perto".

A função simbólica do espelho tem repercussão com Jacob Boehme (1575-1624), sobre o qual Alexandre Koyré fez sua tese[17]. Dany-Robert Dufour invocou, por essa razão, o "espelho sofiânico de Boehme" como fonte do estágio do espelho[18].

Koyré explica como, segundo Boehme, a vontade divina se faz, a si mesma, um espelho no qual ela se mira e confere ao Um uma estrutura ternária. Deus se desdobra ao se refletir nele mesmo. "É assim o seu próprio espelho, no qual ele

---

[17]KOYRÉ, A. (1929) *La philosophie de Jacob Bœhme*. Paris: Vrin, 1979.
[18]DUFOUR, D. -R. (1998) *Lacan e o espelho sofiânico de Boehme*. Trad. P. Abreu. Rio de Janeiro: Cia. de Freud, 1999. ALLOUCH, J. (*Une femme sans au-delà*. Paris: EPEL, 2014, p. 107) o contesta, mas sobretudo pela influência de Boehme sobre o soneto de Lacan, "Hiatus irrationalis" — que, como a tese de Alexandre Koyré, data de 1929 [Cf. "Carta a Ferdinand Alquié [Πάντα ρει – *Hiatus Irrationalis*]". In: LACAN, J. *Escritos avulsos*. Trad. P. S. de Souza Jr. Disponível em: <escritosavulsos.com/1929/08/06/carta-alquie-3>. (N. de T.)].

se reflete e se olha". O que ele quer? "No fundo, ele nada vê; e, no entanto, ele se vê". Ele nada vê porque Deus é o "Nada eterno que é o Um eterno". O único nome que se pode dar a ele é o do *Ungrund*, abismo sem fundo e sem fundamento. Deus é também um espelho que, por sua palavra, revela aquilo que somos. Não se pode deixar de pensar de novo na Coisa — nessa tentativa de cingir o vazio de Deus — e, portanto, de procurar, com o espelho, assim como com a anamorfose, uma abordagem possível para ela.

Por que recorrer à anamorfose para tratar da sublimação? Formulamos a hipótese de que há aí uma tentativa de tratar matematicamente, topologicamente, da sublimação; em todo caso, com as leis do significante, e daquilo que é de uma outra ordem, o objeto *a* — nesse caso, o olhar. Aquilo em que encontramos as duas determinações da sobrevinda do sujeito, pela perspectiva e pelo *cogito*. Se Spinoza referiu-se à geometria para redigir sua *Ética* (*Ethica more geometrico demonstrata*), Lacan (grande leitor de Spinoza, ele desenhou o mapa da *Ética* em seu quarto de estudante), por sua vez, refere-se à topologia *via* perspectiva. Acaso um objeto da sublimação não poderia se tornar aquele que eleva o próprio objeto topológico, a letra topológica, à dignidade de Coisa? É uma pergunta que responderemos adiante.

Seja como for, Lacan é respectivamente levado (na sessão de 10 de fevereiro de 1960, intitulada O *amor cortês em anamorfose*) a enunciar que a introdução do *nome do pai* é uma sublimação. Como na sessão anterior do seu seminário, Lacan exibe uma anamorfose da qual não sabemos se se trata da mesma e se está ligada a um aparelho para construir as anamorfoses cilíndricas cujo modelo foi reproduzido por Baltrusaitis[19].

Seja como for, é apoiando-se no que ele já havia dito a esse respeito que ele não hesita em inseri-lo como dispositivo no mito edipiano:

> Apenas indico-lhes no início: os senhores poderiam quase que estruturar, em torno dessa anamorfose, aquilo que delineio a propósito da ética da psicanálise e que repousa inteiramente na *referência interditada* que Freud encontrou no ponto terminal daquilo que nele se pode chamar de "mito edipiano".[20]

Para compreender essa frase e não se perder na interpretação é preciso acrescentar as palavras "à imagem" depois de "referência interditada". Lacan evoca a referência interditada à imagem da qual se originaria o mito edipiano, e não uma interdição qualquer oriunda do mito edipiano. O "ponto terminal" é o de *O homem Moisés e a religião monoteísta*, obra efetivamente terminal de Freud na qual ele evoca a interdição de fazer-se uma imagem de Deus na base de um progresso na civilização: "Entre as prescrições da religião de Moisés encontra-se uma que é mais importante do que de início se percebe. É a interdição de fazer uma imagem de Deus, ou seja, a coação a adorar um deus que não se

---

[19]BALTRUSAITIS, J. *Anamorphoses*. Paris: Olivier Perrin éditeur, 1969, p. 170.
[20]LACAN, J. (1959-1960) *O seminário, livro 7: A ética da psicanálise*, 2ª ed. Trad. A. Quinet. Rio de Janeiro: Editora Zahar, 2008, p. 173; trad. modificada.

pode ver". E ele prossegue, dizendo que a passagem da mãe (matriarcado) ao pai

> indica [...] uma vitória da espiritualidade sobre a sensualidade, ou seja, um progresso cultural, pois a maternidade é demonstrada pelo testemunho dos sentidos, enquanto a paternidade é uma suposição construída com base numa conclusão e numa premissa. A tomada de partido que eleva o processo de pensamento acima da percepção sensível dá provas de ser um passo com sérias consequências.[21]

É a partir do apoio nesse dizer de Freud que Lacan vai perpetrar este enunciado que, por sua vez, não é sem consequências:

> Formalmente, ele [Freud] faz com que o recurso estruturante à potência paterna intervenha como uma sublimação. [...] Há, diz-nos ele [Freud], um verdadeiro progresso na espiritualidade ao se afirmar a função do pai — a saber, aquele do qual nunca se tem certeza. Esse reconhecimento implica toda uma elaboração mental. Introduzir a função do pai como primordial representa uma sublimação.[22]

Eis que o nome do pai vai ao encontro da Dama do amor cortês na ronda da sublimação em torno do espelho cilíndrico da anamorfose, essa formação-deformação da

---

[21]FREUD, S. (1939) *Moisés e a religião monoteísta: três ensaios*. Trad. R. Zwick. Porto Alegre: L&PM, 2014, p. 156-157; trad. modificada.
[22]LACAN, J. (1959-1960) *O seminário, livro 7: A ética da psicanálise*, 2ª ed. Trad. A. Quinet. Rio de Janeiro: Editora Zahar, 2008, p. 173; trad. modificada.

perspectiva que constitui limite para a Coisa. Eles formam um par. Vê-se o interesse da função da anamorfose: além de permitir reunir uma pluralidade de elementos díspares, ela introduz — entre eles e para todos — possibilidades de deformações (*Entstellungen*), de transformações, de desmultiplicações que os tornam não idênticos a eles mesmos e, portanto, significantes. Além do mais, vem ao caso dizer, ela os situa em relação à Coisa, e isso não é sem consequências notadamente para o nome do pai. Já não se teria como, a partir de então, considerá-lo nem como significante único, nem como algo que sobrepuja com a sua autoridade simbólica o conjunto das representações. Ao contrário, como (de) formação de sublimação, ei-lo integrado ao circuito pulsional. Ele se torna o significante do destino de uma pulsão. Qual? Provavelmente a pulsão invocante, levando em conta as suas particularidades e as suas afinidades com o nome do pai que aparecem no final do seminário *A angústia* e na única sessão do seminário *Les noms du père*, em 1963. Um seminário que Lacan decidira interromper depois da primeira sessão, como reação à exclusão de que foi objeto da parte de seus colegas; e ele frisou por diversas vezes, em seguida, que essa exclusão visava justamente ao seu seminário sobre os nomes do pai. Em consequência disso, decidiu não falar mais a respeito — atitude que manteve até o ano de 1969.

Todavia, sem dúvida os analistas não tiraram, em seu conjunto, as consequências dessa interrupção e do silêncio ensurdecedor a respeito desse tema que se seguiu a isso. Silêncio da pulsão invocante, sem dúvida. Ele ganha ainda mais sentido se o nome do pai é um significante da pulsão invocante que fora sublimado. Procedendo assim, Lacan faz mais do que estender Freud, ele o desloca. Ele faz o nome do pai passar do plano do interdito ligado ao mito edipiano para o impossível ligado à Coisa. É o real do pai. Ele coloca o nome do pai no vacúolo da Coisa, como limite dela. O nome do pai não é um significante estanque, único, transcendente, mas imanente a uma dinâmica, uma dinâmica pulsional e uma dinâmica nodal. Como ele irá dizer no seminário R.S.I., o nome do pai é "cuspido de volta" pelo furo turbilhonante do nó borromeano: "Um furo, isso turbilhona; ou melhor, isso engole; e depois há momentos em que isso cospe de volta, isso cospe de volta o quê? O nome, é o pai como nome"[23].

Se o nome do pai é uma sublimação, acaso o inverso não seria verdadeiro? A saber: uma sublimação pode fazer função de nome do pai? Daí, então, a possibilidade de uma pluralidade de nomes do pai.

Levando em conta a importância, para Lacan, da função da anamorfose, não podemos nós, então, introduzi-la em nossa leitura da *Homenagem*? Sustentaremos que, nesse texto, a citação da Novela X de *O heptamerão*, de Margarida de Navarra, tem a função de uma anamorfose.

---

[23]LACAN, J. (1974-1975) *Le séminaire, livre XXII: R.S.I.*, sessão de 15 de abril de 1975, inédito.

A Novela X de
O heptamerão de
Margarida de Navarra

Margarida de Navarra (1492-1549) era a irmã mais velha e querida de Francisco I. Por parte de sua filha Joana ela fora também avó de Henrique IV. Após a morte do duque Charles d'Alençon, seu primeiro marido, casou-se novamente com Henri d'Albret e se tornou rainha de Navarra. Além de *O heptamerão*, seu livro mais célebre, ela possui uma obra muito importante no campo do teatro e da poesia, de uma espiritualidade grande, mas também muito marcada por uma abertura de espírito e por um esmero com a casuística[1]. Além disso, desempenhou um papel político importante tanto com Francisco I — cuja liberação tentou negociar junto a Carlos V —, quanto com seu marido, o rei de Navarra.

[1] NAVARRE, M. *Oeuvres complètes*. Paris: Honoré Champion, 2001.

Ela começou a compor *O heptamerão* por volta de 1540, mais ou menos dez anos antes da sua morte, quando já estava debilitada. Tinha perdido um filho, depois de Joana, e passou por vários abortos espontâneos. Além disso, havia passado por contrariedades relativas a problemas político-familiares, como o da anexação do reino de Navarra. *O heptamerão* só será publicado depois da sua morte, uma primeira versão tendo sido estabelecida por um de seus criados.

A princípio, *O heptamerão* — assim como o *O decamerão* de Boccaccio, muito em voga na época — deveria conter cem novelas. Por fim, contou apenas com setenta e duas, daí o título. As novelas propriamente ditas são antecedidas por um longo prólogo no qual são explicadas as circunstâncias dos seus relatos. Depois de intempéries, dez personagens da nobreza — cinco homens e cinco mulheres — veem-se isolados nos Pirineus e encontram refúgio numa abadia, Nossa Senhora de Serrance. Esses personagens correspondem a pessoas reais, mas têm nomes fictícios construídos nos moldes de anagramas. Dessas pessoas reais, citemos apenas a própria Margarida de Navarra, chama de "Parlamenta"; seu marido (Hircão); a mãe de Margarida de Navarra, Luísa de Saboia (Usila).

A fim de passar o tempo, eles decidem se reunir para contar histórias, depois de terem ido à missa pela manhã. O protocolo dita que todos os dez, um por vez, contem uma história todos os dias. Isso dá, então, dez histórias contadas por dia, durante sete dias e meio (daí setenta e duas novelas). Ao final de cada relato empreende-se um debate entre os participantes — debate que ecoa o relato —, cada um deles dando a sua opinião a respeito do que entendeu ou a moral que tirou disso. Eles não fazem pouco caso do relato. De uma novela a outra, encontramos os mesmos personagens conversando e a continuação de um diálogo entre eles, cada um com a sua voz própria.

As histórias são apresentadas como histórias "verdadeiras", algo que Lacan tomará para si na sua *Homenagem*. Isso não quer dizer que cada uma das histórias corresponda a fatos históricos precisos e exatos. Pode-se tratar também de relatos lendários transmitidos ou de histórias inventadas. Algumas das histórias aconteceram a um dos participantes (é o caso de Margarida de Navarra). Elas são verdadeiras no sentido de que a verdade tem estrutura de ficção. De cada história deve-se escutar uma verdade e ela se faz ouvir na polifonia dos diálogos. Há também um dispositivo particular comparável ao de uma cena na cena. A continuação do diálogo entre os personagens envolve os relatos que eles fazem e constitui, em si mesma, outro relato. Há um relato no relato. Os personagens são tanto contadores como contados, conversadores como "conversados", pois as histórias dizem uma verdade a respeito deles, tenham elas ocorrido ou não. Esse dispositivo não deixa de ter analogia com a anamorfose e, ao mesmo tempo, faz com que ressoem ecos entre o relato e os debates e entre os personagens de um dia e os de outro.

A escolha de Lacan por citar a Novela X não é um acaso. Além do seu conteúdo — que se inscreve no âmbito do amor cortês —, há o fato de que é uma das novelas mais longas, de que ela fecha o primeiro dia e de que é contada justamente por Parlamenta (Margarida de Navarra). É também essa novela que Lucien Febvre, parabenizado por Lacan em sua *Homenagem*, resumiu e comentou em *Amour sacré, amour profane* [Amor sagrado, amor profano], considerando-a como "bem característica do livro e da maneira da escritora"[2].

Resumo do enredo da Novela X

Amâncio, um cavalheiro de 19 anos, sente amor à primeira vista por Florinda, 12 anos, filha da condessa de Arande, viúva da alta-nobreza. Amâncio é belo, inteligente; ele tem todas as qualidades físicas e morais requeridas — uma porção de mulheres está apaixonada por ele. No entanto, não pode pretender casar-se com Florinda; e isso não em razão da idade, mas por não ser da mesma classe social que ela. Decide, então, amá-la pela vida afora. Para se aproximar dela e tornar-se seu "criado", considera casar-se com a sua melhor amiga, Aventurade, que é rica. Florinda favorece o casamento. Aventurade apresenta Amâncio a Florinda. Ele fica mudo, demasiadamente comovido.

Amâncio indaga Aventurade a respeito dos pretendentes de Florinda. Há dois príncipes da Espanha, o filho do Infante Fortunato (15 anos) — o preferido dela — e o duque de Cardonne. Amâncio cai nas graças do filho do Infante Fortunato.

Ele vai para a guerra.

Amâncio encarrega o irmão de arranjar seu casamento com Aventurade. O irmão de Florinda se casa com a duquesa Medinaceli e Amâncio, com Aventurade. O casamento serve de fachada. Ele frequenta a casa da condessa de Arande e

[2]FEBVRE, L. *Amour sacré, amour profane*. Paris: Gallimard, 1944.

sobre ele não recai mais desconfiança do que recairia sobre uma moça. Florinda, que não suspeita de nada, fala a ele do seu amor pelo filho do Infante Fortunato; ele a encoraja.

Ele parte para a guerra.

Amâncio e Florinda escrevem palavras um para o outro nas cartas de Aventurade. Ele volta da guerra, a casa da condessa de Arande abre-lhe as portas — ali ele é considerado um filho. Florinda busca a companhia de Amâncio para se abrir com ele, mas por ele não se sente apaixonada. Amâncio cora em público, o que o incomoda.

Uma moça chamada Pauline o corteja e ele pensa em se valer disso como fachada. Mas, velhaca, ela tem suspeitas. Então Amâncio dá o passo de declarar a Florinda "a sua grandíssima afeição", ao mesmo tempo em que desvela o seu estratagema, oferecendo-lhe o seu "serviço" e pedindo-lhe para viver a sua vida com ela com um amor virtuoso. Ele pede a ela que seja a sua Dama. Florinda espanta-se com o fato de ele pedir o que já tem. Haveria alguma malícia escondida? Amâncio declara que se trata de impedir que tomem conhecimento da sua enorme afeição e que sejam maldosos com eles. Ele prefere a morte a que fiquem sabendo da sua afeição. Ele fez a declaração por causa de Pauline.

Florinda aceita e sente "algo a mais" no coração. Todavia ela passa a ver Amâncio com menos frequência. Aventurade se abre com ela e queixa-se das ausências de Amâncio; ela está com ciúmes. Florinda também sente ciúmes de Pauline.

Amâncio se enfurece e vai embora. Florinda, mais apaixonada, entra em contato com ele. Eles se aproximam um pouco mais.

Amâncio tem novamente de partir para a guerra.

Ele dá um jeito de a mulher acompanhar Florinda aonde ela for, caso se case. Amâncio já não é mais o mesmo com as suas antigas amantes.

Ele é feito prisioneiro pelo rei de Túnis e fica dois anos a seu serviço. Aventurade cai doente. A condessa suspeita da afeição que Amâncio tem por sua filha, mas Florinda não confessa nada.

Dois eventos acontecem: o rei ordena que a mãe de Florinda case a filha com o duque de Cardonne e o filho do Infante Fortunato morre. Florinda vai embora com o marido e leva Aventurade, em quem — depois de Amâncio — mais tem confiança.

Amâncio paga seu indulto e volta para a Espanha. Florinda o vê vindo de longe e "regozija-se como se fosse pelo seu amor". Mas ela se esconde, para não eclipsar Aventurade, e envolve Amâncio em seus braços. Ela está prestes a recebê-lo não como criado, e sim "como irmã e perfeita amiga".

Amâncio é de novo convocado pelo rei. Aventurade desmaia, cai e morre. Amâncio entra em luto e desespera-se com a morte de um ente querido, mas também pela perda de sua fachada. As condolências de Florinda aumentam o seu tormento. Ele não chega a perder a cabeça.

Na véspera da sua partida, decide "arriscar um tudo ou nada"; faz com que Florinda vá o seu quarto e tenta forçá-la fisicamente a fim de obter "aquilo que a honra das damas veda". Florinda o enxota, dizendo que ele está "fora dos seus sentidos"; ela pede que lhe tragam vinagre. Amâncio pede a recompensa pelo seu serviço de amor: o coração de Florinda lhe pertence, o mesmo valeria para o seu corpo — agora que a sua honra está a salvo, já que ela está casada. Se o marido dela não é digno do coração, não pode ser digno do corpo. Ele ameaça se matar. Florinda anuncia que o marido ama outra e que ela se sente pronta para uma amizade com Amâncio, baseada na virtude. Ela prefere a sua honra e a sua consciência tranquila à sua vida; é "uma pedra de honestidade" da qual ela quer fazer perpétuo jazigo. Tendo jurado uma perfeita amizade com ele, ela quer romper, a contragosto. Amâncio dá um passo atrás e argumenta que só quis testá-la em sua virtude. Ela não acredita. Ela vai embora e chora; conserva o seu amor por ele, mas decide não mostrá-lo mais, nem para ele nem para os outros.

Amâncio dá azo a uma "nova invenção", a de falar com a mãe de Florinda sobre a amizade que ele tem com a sua filha e que ela escondeu. Ele deseja que Florinda lhe dê notícias suas.

Amâncio parte por três ou quatro anos.

Florinda, ao saber que Amâncio falou com a sua mãe, fica perplexa. Ela não pode nem negar, nem admitir. Escreve para Amâncio, mas sobretudo por obediência.

Depois de dois ou três anos, Amâncio concebe uma nova invenção, não para ganhar o coração de Florinda — que ele considera como perdido —, mas para conseguir a vitória sobre aquela que se tornou sua inimiga. Ele inventa um pretexto junto ao rei para ir consultar secretamente a condessa de Arande. Temendo os excessos de Amâncio, Florinda mutila o próprio rosto com uma pedra. A mãe envia Florinda ao quarto de Amâncio, que espera por ela. Ele decide obter o que deseja por amor ou por força. O seu olhar é terrível. Florinda implora pela sua piedade e apela ao amor antigo, pedindo-lhe para renunciar àquilo que ele sabe que não pode conseguir. O amor de Amâncio transforma-se em ódio.

Ele é movido por um espírito de vingança mais do que por afeição. Está pronto para morrer arriscando "ter apenas os ossos" de Florinda.

Florinda chama então a mãe, que vai correndo. Amâncio, "não tão pronto para morrer quanto se dizia", conta para a mãe uma outra versão da cena: Florinda não teria querido se deixar olhar e pegar pela mão, e ficou com medo. A mãe duvida dessa versão, mas Florinda não a desmente. Amâncio a agradece por não ter confessado a verdade para a mãe. Ele pede a Florinda que não coloque outro em seu lugar. Ela não amará outro homem — responde.

A condessa acha irracional a rejeição de Amâncio pela filha e fica sete anos sem falar com ela. Florinda decide enganar Amâncio empurrando-o para os braços de uma moça chamada Loreta, mulher de um capitão. Esta não sabe guardar o segredo e o seu marido, ao descobrir, arquiteta a morte de Amâncio. Florinda previne Amâncio quanto a esse desígnio.

Amâncio é enviado para a guerra. Ele tem um comportamento de bravura suicidária. O conde de Arande é ferido, o marido de Florinda, morre. Amâncio tenta salvá-lo. Ele, em vez de se render, morre suicidando-se.

Florinda entra para uma ordem religiosa, "tomando como marido e amigo Aquele que a havia livrado de um amor tão veemente quanto o de Amâncio".

O debate entre os conversadores se engaja após o relato de Parlamenta. Esta (Margarida de Navarra) parece, em meias palavras e em parte, amansada por Amâncio. Notaremos o longo período que cobre o relato com não menos que longas separações entre Amâncio e Florinda, características do "longe-perto" do amor cortês.

Função da Novela X na *Homenagem* de Lacan a Marguerite Duras

Um amor cortês

Essa novela tem algo de uma relação amorosa que se situa no âmbito do amor cortês, ainda que, no momento em que Margarida de Navarra escreve, não estejamos mais nessa época. Ela ressuscita os seus traços principais e é a título disso que Lacan a menciona na Homenagem, saudando a "aventura exemplar" de Amâncio. A novela tem uma função de *exemplo*.

Decerto Amâncio é animado por traços de um amor mais cavalheiresco que cortês — até onde se pode fazer uma distinção, pois essa mistura também se encontra em Guilherme IX, o pai dos poetas corteses. Amâncio também não é um trovador: é um homem de ação que se ilustra através de suas façanhas na guerra, bem como pelo seu senso do

Estado e suas qualidades políticas. Seus dois arroubos com Florinda dizem mais respeito ao modelo da conquista bélica.

Mas essas peripécias inscrevem-se no âmbito geral do amor cortês, segundo o seu discurso e as suas etapas. Há a escolha de uma mulher a quem ele consagra um amor exclusivo e de quem se constitui vassalo; uma mulher que ele nomeia sua Dama e a quem promete fidelidade. Acontece que esse amor torna inacessível o objeto da satisfação. É por isso que Lacan fala de um "amor impossível": "E a aventura exemplar, que faz com que o Amâncio da novela X — que não é nenhum santinho — se consagre até a morte a um amor que não é nada platônico, apesar de ser um amor impossível, [...]"[1].

Não se trata do amor *do* impossível — que se pode encontrar no obsessivo —, mas do impossível no cerne do amor: a Coisa, o encontro faltoso com o perfeito amor, cuja busca é exemplar. Em *Mais, ainda* Lacan situa o amor no nível da modalidade de um contingente que passa ao necessário em função da sua relação com a modalidade do impossível, do real, da relação sexual que *não cessa de não se escrever*. As modalidades se definem, segundo Lacan, em relação ao impossível da escrita da relação sexual: o contingente, aquilo que *cessa de não se escrever*; o necessário, aquilo que *não cessa de se escrever*.

O deslocamento da negação do *cessa de não se escrever* para o *não cessa de se escrever* — da contingência para a

---

[1] LACAN, J. (1965) Homenagem, feita a Marguerite Duras, com o arrebatamento de Lol V. Stein. In: LACAN, J. *Outros escritos*. Trad. V. Ribeiro. Rio de Janeiro: Editora Zahar, 2003, p. 204; trad. modificada. (N. de T.)

necessidade —, é aí que está o ponto de suspensão a que todo amor se agarra. Todo amor, por só subsistir através do *cessa de não se escrever*, tende a fazer a negação passar para o *não cessa de se escrever* — não cessa, não cessará[2].

É esse o drama do amor. Um drama do qual a aventura de Amâncio é *exemplar*. Ele esclarece, em contrapartida, em que medida o amor de Jacques Hold por Lol — que tem, também ele, algo de amor cortês — fracassa pelo fato de ficar entravado na "patética da compreensão", seu *holding* que o anima com Lol.

O real, o impossível, em relação ao qual a contingência do amor se situa, é o do impossível da escrita da relação sexual. No caso de Jacques Hold, o que ocupa esse lugar é a sua relação com a loucura de Lol. Para Amâncio, é a morte voluntária que ocupa esse lugar do impossível da relação sexual. Compreende-se melhor por que Lacan, como vimos anteriormente, coloca a morte como real na topologia borromeana do amor cortês.

O desenrolar do relato da Novela X retraça também as etapas ou graus do serviço amoroso próprios do amor cortês: o repentino enamoramento que causa o incêndio; a promessa de assujeitamento para o resto vida; a vontade de segredo com a busca por uma fachada e pela proteção dos ciumentos; depois, a etapa da declaração de amor nos próprios termos do amor cortês — a fim de que a Dama aceite o

---

[2]LACAN, J. (1972-1973) *O seminário, livro 20: Mais, ainda*, 2ª ed. Trad. M.D. Magno. Rio de Janeiro: Editora Zahar, 1985, p. 199; trad. modificada.

cavalheiro como vassalo. Pode-se encontrar aí certo eco das cinco linhas de amor da Antiguidade latina: *"Visus, allocutio, tactus, osculum* (beijo), *coitus"*. No amor cortês, essas etapas ordenam-se na estrutura em torno da Coisa vazia onde o amor é projetado.

Amâncio e Florinda, que aceita tornar-se a sua Dama, têm os comportamentos sociais compatíveis com esse gênero de amor (que, aliás, não exclui o casamento, muito pelo contrário), a saber: a discrição, o segredo — ao mesmo tempo porque se trata, em seu cerne, de algo incomunicável e incomensurável, mas também a fim de se protegerem dos maledicentes.

O ternário da Novela X

Ele se junta ao fio que viemos seguindo e do qual o *ser a três* foi o ponto de partida.

Assim como em *O arrebatamento de Lol V. Stein*, o relato estrutura-se com as variações de uma relação ternária que se estabelece desde o lampejo inicial — por conta da impossibilidade, para Amâncio e Florinda, de se unir. Trata-se do ternário Amâncio — Florinda — Aventurade. A esposa, Aventurade, amiga e confidente de Florinda, serve de fachada para Amâncio, e é através dela que ele pode manter um vínculo com a sua amada. Ela permite o vínculo, mas, ao mesmo tempo, o ignora. Ela serve de anteparo para Florinda e o resto da sociedade, mas não deve ver.

Pauline, a intrigante intrigada, é solicitada para desempenhar também um papel de anteparo, mas, por sua vez, ela vê e ousa descobrir a relação entre Amâncio e Florinda.

É isso que faz com que Amâncio se precipite e declare a Florinda o seu amor cortês. Assim, o segredo de Amâncio é partilhado com Florinda, com a condição de que haja sempre uma fachada. Uma fachada que Florinda também encontra. Ela se casa, mas não com o pretendente que tinha a sua simpatia. Amâncio e Florinda encontram-se então no ponto de estreitar o seu vínculo amoroso. Mas um acontecimento vai comprometer tudo: Aventurade morre — o que rompe, em parte, o ternário —, e a mãe de Florinda começa a suspeitar.

É precisamente nesse momento de ruptura da relação ternária que Amâncio passa ao ato com Florinda, tentando forçar o seu consentimento — declarando que ele tem direito ao corpo dela, visto que já tem o seu coração; reivindicando o que é seu. Ele estima que ela está acima de qualquer suspeita, já que é casada. Mas ela retorque que o seu marido — por quem ela, particularmente, não sente nenhum amor — ama outra. A fachada não é, portanto, muito resistente.

Ainda que Florinda recuse ceder ao cavalheiro, isso não rompe o vínculo de amor que eles possuem, mas reforça nela o cuidado de escondê-lo de Amâncio e dos outros. Todavia, a brecha na relação ternária compele Amâncio a se abrir com a mãe de Florinda. Tentativa desesperada de restabelecer uma relação ternária com a mãe? O fato é que ela serve — ele tenha ou não consciência disso — de alcoviteira.

Talvez Amâncio tenha se fiado nisso, mas ele continua desprovido de uma real fachada, e renova a sua tentativa de forçar Florinda. Daí uma nova separação. Mas o vínculo permanece; e a mãe de Florinda, servindo mais uma vez de intermediária, acaba servindo de semifachada para Amâncio — visto que ela para de falar com a filha.

De sua parte, Florinda também faz uma tentativa de restabelecer uma relação ternária, ao querer colocar outra mulher nos braços de Amâncio — uma mulher casada —, a fim de enganar a todos. Mas isso fracassa por causa do ciúme do marido dessa mulher, que ameaça Amâncio de morte.

O ternário, em termos concretos, decididamente já não consegue se sustentar. Amâncio se suicida e Florinda casa-se com Deus. Ou melhor, diríamos, com a Santíssima Trindade.

A função de anamorfose da citação da Novela X na *homenagem*

Segundo Walter Benjamin, como nos lembra Giorgio Agamben, a citação tem uma função de estranhamento:

> O poder particular das citações não nasce, de fato, segundo Benjamin, da sua capacidade de transmitir e fazer reviver o passado; mas, ao contrário, da capacidade de "fazer *tabula rasa*, de expelir do contexto, de destruir". Extraindo à força um fragmento do passado do seu contexto histórico, a citação faz com que ele perca, de imediato, o seu caráter de testemunho autêntico para investi-lo de um potencial de estranhamento que constitui sua inconfundível força agressiva.[3]

Há na atividade de citação uma analogia com a do colecionador. Como aponta Lacan em *A ética*[4], o colecionador eleva

---

[3] AGAMBEN, G. (1970) *O homem sem conteúdo*, 2ª ed., trad. C. Oliveira. Belo Horizonte: Autêntica, p. 169-170.
[4] LACAN, J. (1959-1960) *O seminário, livro 7: A ética da psicanálise*, 2ª ed. Trad. A. Quinet. Rio de Janeiro: Editora Zahar, 2008, p. 136.

um objeto à dignidade da Coisa; ele transfigura os objetos, privando-os de seu valor de uso ou de sua significação numa tradição. A vertente destrutiva da citação é uma forma de se livrar das garantias provenientes da inserção numa tradição. Marcel Duchamp, com o *ready-made*, a erigiu como princípio. Numa obra de arte, a citação cria um *gap* na transmissão e faz "da obra o veículo mesmo do intransmissível"[5].

Certamente nem toda citação constitui anamorfose; estaríamos então, ainda assim, no direito de falar em anamorfose numa obra literária? Vários autores não hesitaram em fazê-lo, ainda que o termo seja tomado num sentido metafórico. Por exemplo, Llewellyn Brown mostrou que era esse o caso em *Um cativo apaixonado*, de Jean Genet. Ali se produz uma perda da realidade referencial e histórica e "uma deformação seguindo uma composição em anamorfose, na qual uma parte da representação conserva uma forma reconhecível; e uma outra, que dela diverge, leva a uma dimensão que escapa à imaginação"[6]. Trata-se de distorções das representações comparáveis àquela que a anamorfose manifesta. Como em *Os embaixadores* de Holbein, produz-se no seio de uma representação verossímil uma espécie de "gilvaz" no lugar de algo insuportável e que, "assim, impõe-se como causa da criação".

A citação da Novela X não é feita por acaso e ela não se restringe a um papel ilustrativo da argumentação de Lacan, como se se tratasse de uma vinheta clínica. Aliás, por que ele faria isso num texto que já fala de clínica? Bem se poderia

---

[5]AGAMBEN, G. (1970) *O homem sem conteúdo*, 2ª ed. Trad. C. Oliveira. Belo Horizonte: Autêntica, p. 173. (N. de T.)
[6]L. BROWN, L. Écriture et anamorphose. *Un captif amoureux* de Jean Genet, *L'en-je lacanien*, n. 22, Toulouse: érès, 2014.

prescindir desse adendo. Ela aparece ali para ser posta numa correspondência com o caso de Lol e fazer valer uma semelhança e uma diferença; ou seja, uma operação dinâmica de transformação, como no caso da anamorfose.

A novela ecoa o caso de Lol pelo fato de que se trata de amor cortês e de uma relação estruturada de forma ternária. O pivô da transformação do caso de Lol no da Novela X passa, segundo o que nos sugere Lacan, pelo personagem de Jacques Hold, que se pode comparar com Amâncio. A citação da Novela X desempenha o papel do cilindro na anamorfose cilíndrica: o amor em Lol, a "louca" — do qual Lacan disse ser uma forma degradada do amor cortês —, encontra uma bela imagem reconstituída na Novela X de Margarida de Navarra.

Contudo, se a transformação anamórfica entre Lol — tal como comentada por Lacan — e a Novela X apoia-se nos traços precedentes, ela de fato cobre o conjunto do texto de Lacan. Desdobrando a referência ao *cross-cap* e relacionando-o à geometria projetiva da perspectiva, nós procedemos a uma transformação que implicava a possibilidade da anamorfose como deformação relacionada às leis da perspectiva. Falar da citação da Novela X como figura de anamorfose só faz estender a leitura para a qual Lacan nos arrastou. Continuamos no campo significante com o qual Lacan estruturou a sua leitura de Lol.

É aqui que devemos dar um segundo passo. Não se trata, a nosso ver, para Lacan, de se situar como observador de uma anamorfose, nem de apontar a sublimação em curso para Marguerite Duras e para Margarida de Navarra. Afinal, ele escreve:

Mais supérfluo fica sendo o meu comentário daquilo que Marguerite Duras faz ao dar existência de discurso à sua criatura. Pois o próprio pensamento no qual eu lhe restituiria o seu saber não teria como sobrecarregá-la com a consciência de ser num objeto, visto que esse objeto, ela já o recuperara através da sua arte.[7]

Poderíamos parafrasear o que Lacan diz no que se refere a Lol ("Não se enganem, sobretudo, a respeito do lugar do olhar aqui. Não é Lol quem olha, até mesmo porque ela nada vê. Ela não é o *voyeur*. O que acontece a realiza"[8]), fazendo-o dizer: "Não se enganem aqui quanto ao lugar da sublimação, não é Margarida de Navarra quem sublima, o que acontece na minha leitura me realiza em ato de sublimar". A *Homenagem* não é somente um comentário sobre a sublimação, ela é ato de sublimação — sublimação como ato e sublimação do ato. A citação é o seu propulsor. E, a nosso ver, a principal função da citação é assegurá-la. Ao fazê-la, é ele, Lacan, que se engaja na transformação anamórfica que constitui limite à Coisa. É o seu lugar vazio de sujeito, o ponto de fuga de onde ele reconstrói a sua perspectiva, ali mesmo onde ele confessa incluir-se num terceiro ternário com Marguerite Duras e o texto de *Lol V. Stein*. Não é uma conversa arranjada em que ele se objetivaria. Nesse movimento em espiral, em duplo enganchamento de volta sobre a sua enunciação, algo do objeto, o objeto *a*, lhe escapa e a citação ocupa o seu lugar. Para que nos chegue o que lhe escapa.

---

[7]LACAN, J. (1965) Homenagem, feita a Marguerite Duras, com o arrebatamento de Lol V. Stein. In: LACAN, J. *Outros escritos*. Trad. V. Ribeiro. Rio de Janeiro: Editora Zahar, 2003, p. 203; trad. modificada. (N. de T.)
[8]*Ibid.*, p. 202; trad. modificada. (N. de T.)

Lacan endereça-se a Marguerite Duras como se ela fosse autora de *O heptamerão*: "E o estilo que a senhora, Marguerite Duras, exibe através do *seu* [grifo nosso] *Heptamerão*..."[9]. Há aí um retorno onde o dentro se faz envoltório do fora, como que um toro com o seu vazio central: como se Lol fosse uma novela suplementar de *O heptamerão*, e Marguerite Duras fosse a autora desse livro. Enrolamento de *Lol V. Stein* sobre *O heptamerão* no qual as identidades autorais se confundem. A *Homenagem* torna-se uma espiral turbilhonante, de onde sai o nome de Lacan, transformado pelos nossos préstimos.

Quem poderia dizer que ele sobrepuja essas transformações? Antes mesmo, é feito de *besta* por elas, para não errar no erro. Ali ele é lido, visto e escutado. Lacan se faz de besta do dispositivo em abismo de *O heptamerão*, de Margarida de Navarra — de quem segurou a mão no invisível na época de *A ética*. É como se ele entrasse no debate dos conversadores ao final do relato de Margarida de Navarra. Ele faz parte da novela e, ao mesmo tempo, a comenta. Com os conversadores que são, eles mesmos, internos e externos ao que se diz. Ele se situa numa zona topológica entre duas mortes[10], na qual ele dialoga simultaneamente com os mortos e os vivos. Espaço a-tópico, como aquele em que Sócrates escuta o seu *daimon*, a voz como objeto *a*.

Com isso, ele eleva o objeto que Marguerite Duras "recuperara através da sua arte" à dignidade da Coisa

---

[9] *Ibid.*, p. 204. (N. de T.)
[10] Lugar topológico do objeto *a*. Cf. LACAN, J. (1960-1961) *O seminário, livro 8: A transferência*. Trad. D. D. Estrada. Rio de Janeiro: Editora Zahar, 2010, p. 128. Cf. também: SIMONNEY, D. Le temps de passer, *Essaim*, n. 24. Toulouse: érès, primavera de 2010.

nas "taciturnas núpcias da vida vazia com o objeto indescritível"[11].

A Novela X faz ressoar a *Homenagem* no vazio da Coisa, convidando também a nós, caso escutemos o eco, a participar dessa sublimação.

Interroguemo-nos sobre o objeto sirgador[12] da sublimação de Lacan.

---

[11]LACAN, J. (1965) Homenagem, feita a Marguerite Duras, com o arrebatamento de Lol V. Stein. In: LACAN, J. *Outros escritos*. Trad. V. Ribeiro. Rio de Janeiro: Editora Zahar, 2003, p. 203 e 205; trad. modificada. (N. de T.)

[12]Cf. RIMBAUD, A. O barco ébrio [O termo — que designa aquele que conduz ou puxa uma embarcação por meio de uma sirga (um cabo para reboque) — aparece nas duas primeiras estrofes do poema: "Como eu descesse por uns Rios impassíveis, / Não mais me achei guiado pelos sirgadores: / Peles-vermelhas, aos gritos, neles miraram, / Pregando-os nus a uns postes multicores. // Não me importavam todos os carregamentos / De trigos flamengos ou algodão inglês. / Com meus sirgadores cessada a gritaria, / Os Rios me deixaram ir onde queria". RIMBAUD, A. (1871) O barco ébrio / Le bateau ivre (Trad. C. E. S. Capela; Rev. F. Scheibe), *Outra travessia*, Florianópolis, n. 19, p. 57-60, dez. 2015 (N. de T.)].

Uma carta sempre chega a seu destino

Qual é então esse obscuro objeto de desejo em jogo na sublimação tal como Lacan a coloca em ato em sua *Homenagem*? Tanto no seu ternário quanto na volta em espiral que ele efetua sobre a sua leitura de Marguerite Duras *via* Margarida de Navarra, pode-se dizer que o escrito, a letra está em jogo. Mas que tipo de letra? Seria aquela de que ele fala no seminário sobre *A carta roubada* (1956)? Em *Lituraterra* (1971)? Em *O sinthoma* (1976)?

O interesse da *Homenagem* (1965) nos parece residir na posição intermediária e original de Lacan com relação à função da letra. Diríamos que, com esse texto, algo bascula; algo que Lacan não se encontra em condições de formular no momento em que isso se produz, mas que mostrará o seu valor no final do seu ensino — quando ele for tratar da escrita borromeana. Em 1965 ele antecipa aquilo que irá retomar a respeito do furo em *Lituraterra*. E é na ulterioridade desse percurso que podemos entender, hoje em dia, o "ser a três" que aparece, na *Homenagem*, como uma "letra a três"[1].

Letra a três o quê? — indagaríamos. Três letras, três filamentos, três cordas? Digamos somente que há algo do três para fazer o um, uma letra. O três precede o um. Assim procede Lacan quando, por exemplo, ele identifica o traço unário ao trícele do nó borromeano[2]:

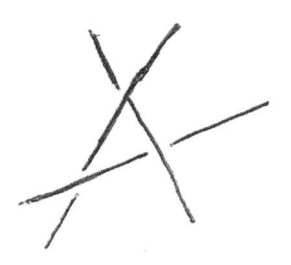

Figura 15

O isolamento desse ponto de cerramento do nó, aliás, traz a questão da dinâmica do nó, do seu movimento para se fazer e se desfazer. O nó não é uma estagnação na imagem; ele implica um movimento e uma flexibilidade que lhe permitem adaptar-se às variedades individuais, segundo as formas como os filamentos vão se emparelhar[3]. O exemplo

---

[1] Em francês, *l'être* [o ser] e *lettre* [a letra] são sintagmas homófonos. (N. de T.)
[2] LACAN, J. (1974-1975) *Le séminaire, livre XXII: R.S.I.*, sessão de 15 de abril de 1975, inédito.
[3] Cf. VAPPEREAU, J. -M. *Joyce hystorique*, março de 2014. Texto disponibilizado no *website* do autor.

de Joyce diz muito: no emparelhamento dos filamentos de cordas, ele deixa escapar um círculo, que em seguida ele recupera com o seu ego[4]. A partir dessa contingência pode-se tentar responder se "Joyce era louco?", deslocando a resposta para a especificidade de um dito esquizofrênico não redutível à paranoia[5].

A isso se segue o fato de que o ser a três é suscetível de variedades nodais de letra a três: a de Lol não é a mesma que a do Amâncio da Novela X, ou a de Joyce, ou ainda das cartas a três trocadas entre Rainer Maria Rilke, Boris Pasternak e Marina Tsvetáieva. A cada vez é preciso reconstituir como os nós se fazem e se desfazem. Essa também é uma das lições da *Homenagem*.

No que concerne à escrita de uma letra a três, notemos que em 1977 — ou seja, depois de *Lituraterra* e do nó borromeano —, Lacan propõe para ela um modelo com o Y e seus três filamentos, fazendo o seguinte comentário:

> A anatomia — no animal ou na planta (é tudo farinha do mesmo saco) — é de pontos triplos, é de coisas que se dividem, é o Y que é um ípsilon [...] Tem-se, a partir do bem, uma bifurcação entre o mal e o neutro. Um ponto triplo é o real, mesmo se é abstrato. O que é a neutralidade do analista se não justamente isto: essa subversão do sentido; a saber, essa espécie de aspiração não rumo ao real, mas pelo real?[6]

---

[4]LACAN, J. (1975-1976) *O seminário, livro 23: O sinthoma*. Trad. S. Laia. Rio de Janeiro: Editora Zahar, 2007, p. 143-ss.
[5]FIERENS,C. Comment faire avec le dit schizophrène?, *Essaim*, n° 33, Toulouse: érès, outono de 2014.
[6]J. LACAN, J. Intervention à Bruxelles en 1977, *Quarto*, n. 2, 1981.

Pode-se também pensar em algumas runas (que provêm, em parte, da escrita grega) tais como Kaun, Madur ou Yr:

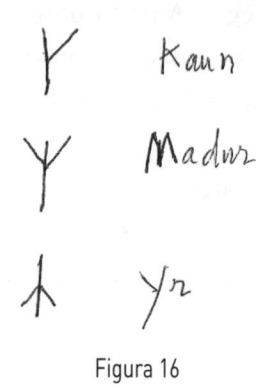

$$\curlyvee \quad Kaun$$

$$\mathsf{Y} \quad Madur$$

$$\curlywedge \quad Yr$$

Figura 16

Talvez também não seja um acaso o fato de Édipo ter encontrado o pai, Laio, no cruzamento das três vias de um caminho.

Antes de prosseguirmos em nossa rota pelo "três", voltemos brevemente àquilo de que se trata quanto ao "ser" do "ser a três". O três é necessitado pelo real do sujeito. Este aparece já na sua definição, "um significante representa o sujeito para outro significante", onde há dois significantes e onde um "representa". O real do sujeito vem de ele não ter ser. Seu ser reside no objeto *a*, que por isso pode ser chamado de "falta a ser". Ele é aquilo pelo qual o sujeito acessa uma subjetividade. Mas ela mascara o nada do sujeito e é por isso que Lacan fala em "desenlamear esse sujeito do subjetivo"[7]. Nenhum "Eu" pode representar o sujeito, que é um ser do não ente: "Ser de não ente, é assim que Eu advém como

---

[7]LACAN, J. (1967) Proposição de 9 de outubro de 1967 sobre o psicanalista da Escola. In: LACAN, J. *Outros escritos*. Trad. V. Ribeiro. Rio de Janeiro: Editora Zahar, 2003, p. 253.

sujeito que se conjuga pela dupla aporia de uma verdadeira subsistência que se abole por seu saber e por um discurso em que é a morte que sustenta a existência". Que sou Eu, então? Lacan responde transformando uma citação de Paul Valéry: "Sou no lugar de onde se vocifera que 'o universo é um defeito ante a pureza do Não-Ser'"[8].

O Eu se encontra no lugar vazio do sujeito, da Coisa, por inteiro em sua vociferação, inteiramente voz. Objeto causa do desejo e mais gozar, ou (já-)mais gozar, pois nesse lugar há gozo — um gozo além do princípio de prazer, insubjetivável.

O ser do sujeito é abordado pelas vias do desejo, do gozo, da linguagem. Lá onde essas vias se cruzam e se precipitam, extrassenso, a letra se forma: uma letra onde há três, o número três, e pelo número se acessa o real do ser do sujeito.

O caráter primário de uma relação ternária é uma recorrência em Lacan e em Freud — no caso deste último, por exemplo, citemos os dois ternários: *consciente, inconsciente, pré-consciente* e *eu, isso, supereu* —, mas Lacan propõe para eles diferentes formalizações que lhes conferem uma realidade matemática operatória (e não de modelo), única garantia, segundo ele, de um acesso ao real, nos limites do impossível. Podemos nos remeter, por exemplo, ao texto de 1945 do *Tempo lógico...* — do qual ele faz uma releitura matemática com a divisão harmônica (dita de média e extrema razão) em

---

[8]LACAN, J. (1960) Subversão do sujeito e dialética do desejo. In: LACAN, J. (1966) *Escritos*. Trad. V. Ribeiro. Rio de Janeiro: Editora Zahar, 1998, pp. 816 e 834; trad. modificada. Os versos de Paul Valéry, oriundos de "Esboço de uma serpente" em *Charmes*, são: "Sol [...] Poupas ao peito saber / Que o universo é só um defeito / Ante a pureza do Não-ser" [Cf. DE CAMPOS, A. *Paul Valéry: a serpente e o pensar*. São Paulo: Brasiliense, 1984, p. 29; trad. modificada. (N. de T.)].

Mais, ainda — ou, é claro, ao seu ternário RSI, verdadeiro alicerce do seu ensino desde 1953, ao qual ele dará o suporte do nó borromeano. A cada articulação de seus matemas ou dos seus termos — como, por exemplo, "demanda", "desejo", "necessidade" —, encontra-se uma primariedade do três. Em *O aturdito* ele faz a mostração da necessidade de um número ímpar de giros da demanda sobre o toro neurótico a fim de realizar o giro duplo da interpretação[9], para que a repetição faça um nó de corte transformando o toro em banda de Moebius tripla[10]:

Figura 17

Mais perto daquilo que percorremos aqui, a fórmula da fantasia e a da pulsão também são relações ternárias. A título disso, podemos designá-las como sendo "letras a três".

A *Homenagem* de Lacan nos oferece a possibilidade de cingir o equívoco do ser a três (o ser de Lol) com a letra a três (da fantasia). É com esse equívoco que podemos situar esse texto como momento intermediário e original entre dois grandes textos sobre a letra, o seminário sobre A *carta roubada* e *Lituraterra*.

---

[9]LACAN, J. (1972) O aturdito. In: LACAN, J. *Outros escritos*. Trad. V. Ribeiro. Rio de Janeiro: Editora Zahar, 2003, p. 488.
[10]BOUSSEYROUX, M. *Lacan le borroméen: creuser le nœud*. Toulouse: érès, 2014, p. 76.

Acompanharemos essa passagem com o que permanece constante — ainda que se modificando — de um texto ao outro, a saber: a afirmação, altamente enigmática e contestadíssima, de que "uma carta sempre chega a seu destino".

Essa afirmação remete à interpretação que Lacan faz da dramaturgia do conto de Edgar Poe e de seu título em inglês, *The Purloined Letter*, cuja tradução francesa por *lettre volée* [carta roubada] ele contesta. *Purloined* é uma palavra anglo-francesa, vinda do francês antigo *loigner*, verbo de atributo de lugar *au loing* (ou *longé*): não *au loin* [ao longe], mas *au long de* [ao lado de]. Trata-se de colocar de lado, de reservar. A carta *purloined* é a carta extraviada, aquela cujo trajeto foi prolongado, a carta pendente de recebimento.

Desde o seminário sobre *A carta roubada*, Lacan afirma, *sublinhando*, que a carta "é o *verdadeiro sujeito* do conto: se ela pode sofrer um desvio é porque tem um *trajeto que lhe é próprio*"[11]. Ali já se vê que o estatuto de letra se relaciona ao seu trajeto, o que retomaremos em seguida. Todavia, nesse momento, Lacan privilegia a sua "incidência de significante", a saber, os efeitos da carta sobre os sujeitos tomados cada qual em sua "intersubjetividade" (termo que depois ele recusará[12]) em função da cadeia significante. Aliás, ele precisa se colocar sob a égide de Freud:

---

[11]LACAN, J. (1957) O seminário sobre 'A carta roubada. In: LACAN, J. *Escritos*. Trad. V. Ribeiro. Rio de Janeiro: Editora Zahar, 1998, p. 33; trad. modificada.

[12]Ele é demasiadamente psicologizante e contraditório com a definição — que data de 1962 — do sujeito como sendo "representado por um significante para outro significante".

Se o que Freud descobriu — e redescobre com uma brusquidão cada vez mais acentuada — tem algum sentido, o deslocamento do significante determina os sujeitos em seus atos, em seus destinos, em suas recusas, em suas cegueiras, em seus sucessos e em suas sinas, não obstante os seus dons inatos e as suas posições sociais, sem considerar o caráter ou o sexo; e que, por bem ou por mal, tudo o que é dado psicológico irá, de mala e cuia, seguir o passo do significante.[13]

Num segundo momento, com um aditamento tirado de seu seminário, Lacan toma a carta, por si só, como sujeito, segundo a sua própria lógica e sua relação letra a letra. Isso dá lugar à combinatória de + e de − agrupados em três, depois retomada numa composição do símbolo, um novo agrupamento que engendra o repartitório dos $\alpha\beta\gamma\delta$ que determinam impossibilidades e restrições de aparição das letras umas em relação às outras — o que se pode chamar de "uma memória". Em seguida, em 1966, virá "Parêntese dos parênteses"[14], que propõe, mais uma vez, uma nova formalização do repartitório anterior em relação com outro matema de Lacan, o esquema L. Esses estudos não delimitam o estatuto como tal daquilo que cumpre chamar de "letra", distinto do significante, nem deslindam a sua produção e seu vínculo com o vazio do sujeito. Mas eles certamente demonstram o rigor da "determinação simbólica" que se liga à carta, numa

---

[13]LACAN, J. (1957) O seminário sobre 'A carta roubada. In: In: LACAN, J. (1966) *Escritos*. Trad. V. Ribeiro. Rio de Janeiro: Editora Zahar, 1998, p. 33-34; trad. modificada.
[14]*Ibid.*, p. 59. (N. de T.)

combinatória de letras. Aliás, elas abordam a carta através dos seus efeitos sobre uma pluralidade de sujeitos.

A referência à letra, confundida com a carta, evidencia os efeitos sobre aqueles que a "detêm", e não a "possuem" — Lacan insiste nisso —, pois são, antes mesmo, possuídos por ela. Isso tem como resultado feminizá-los, como se manifesta com o Ministro.

O extravio da carta pelo Ministro modifica as relações de lugares entre os principais protagonistas — o Rei, a Rainha, o Ministro, Dupin — e modifica os olhares que eles têm uns sobre os outros, instaurando assim uma dinâmica de tempo lógico: "Três tempos [ordenam] três olhares, sustentados por três sujeitos, alternadamente encarnados por pessoas diferentes"[15]. Os sujeitos perdem sua individualidade e sua autonomia em benefício do lugar que ocupam uns em relação aos outros em função do trajeto desviado da carta.

É a isso que remete o axioma segundo o qual a carta sempre chega a seu destino, e é o que o explica. Ela chega ao seu destino porque se inscreve em relações intersubjetivas em que os sujeitos são desapossados de suas autonomias. Ela chega ao seu destino porque tem *um trajeto que lhe é próprio*. Um trajeto que determina o lugar dos sujeitos e suas intersubjetividades. Ela não chega ao seu destino de um sujeito a outro sujeito, mas ao destino de um significante a outro significante.

O destino é trajeto do sujeito ao Outro e ao outro, ambos, não somente em sua diacronia, mas também em sua sincronia. É a única forma de compreender, ao que me

---

[15]*Ibid.*, p. 17.

parece, a identificação à qual Lacan procede na conclusão do seminário sobre *A carta roubada*, entre a chegada da carta ao seu destino e a recepção pelo receptor de sua mensagem de uma forma invertida: "o emissor, como lhes dissemos, recebe do receptor a sua própria mensagem de forma invertida. É isto o *que quer dizer* [grifo nosso] 'a carta roubada' — ou 'extraviada' —, que uma carta sempre chega a seu destino"[16].

Várias observações se impõem aqui: sobre o sentido de "mensagem invertida"; sobre a referência à letra, e não ao significante; sobre a permanência do intento de Lacan na sequência de seu ensino.

A mensagem invertida

"Inverso" vem de *invertere* (*in-vertere*): virar, entornar, transpor, mudar de posição. A mensagem retorna do receptor — ou, mesmo, do Outro da linguagem — ao emissor; ela lhe chega no sentido contrário, ou na ordem inversa, seja ela gramatical ou espelhada.

Por exemplo, ao ser feminizado pela carta, o Ministro — que, *a priori*, não é afeminado — recebe a sua mensagem de uma forma invertida.

Receber a sua mensagem de uma forma invertida pode querer dizer receber o inverso, o contrário, o oposto da sua mensagem (dizer "você é minha mulher" é dizer "eu sou seu homem"), mas não somente, pois é preciso contar com o plano da enunciação além do plano do enunciado — enunciação

---

[16]*Ibid.*, p. 45; trad. modificada.

que pode significar outra coisa além do enunciado. É o que bem se vê no famoso sonho relatado por Freud do filho que vê o pai que está morto mas não sabe[17]. No seu comentário, Lacan distingue claramente, recorrendo ao grafo, o plano do enunciado (*ele não sabia*) do plano da enunciação (*ele estava morto*) — com, entre os dois, o espaço do desejo representado pelo significante *conforme seu anseio* (que Freud acrescentou como interpretação ao texto do sonhador). Por meio disso, Lacan interpreta não se tratar somente de um anseio não sabido de que o pai morra (esse anseio havia sido consciente no sonhador), mas o de manter o não sabido do próprio sujeito quanto à sua dor de existir, seu anseio de não ter nascido[18].

A experiência da supervisão também diz muito quando ocorre de o analista — e isso é frequente —, após uma sessão de supervisão, escutar da boca de seu analisante as palavras que ele havia emitido anteriormente em sua sessão de supervisão.

A mensagem retorna invertida não somente em seu sentido, mas também pelo fato de que ela retorna de Outro lugar

---

[17]FREUD, S. (1900) *A interpretação dos sonhos*, vol. 2. Trad. R. Zwick. Porto Alegre: L&PM, 2014, p. 455. Cf. também: FREUD, S. (1911) Formulações sobre os dois princípios do funcionamento psíquico. In: FREUD, S. *Obras completas, vol. 10: "Observações psicanalíticas sobre um caso de paranoia relatado em autobiografia ("O caso Schreber"), Artigos sobre técnica e outros textos"*. Trad. P. C. de Souza. São Paulo: Companhia das Letras, 2014, p. 108-121.
[18]Cf. LACAN, J. (1958-1959) *O seminário, livro 6: O desejo e sua interpretação*. Trad. C. Berliner. Rio de Janeiro: Editora Zahar, 2016, p. 107-ss. Cf. também: LACAN, J. (1960) Subversão do sujeito e dialética do desejo. In: In: LACAN, J. (1966) *Escritos*. Trad. V. Ribeiro. Rio de Janeiro: Editora Zahar, 1998, p. 816.

(um lugar inverso do eu, notado 1/eu), que divide o sujeito, que é ele e não ele, em continuidade e em descontinuidade com ele. Ela retorna deslocada, refletindo-se, fazendo um gancho. É um esquema que subverte os esquemas tradicionais da comunicação oriundos de Saussure ou de Jakobson, nos quais a identidade do emissor não está dividida. Aqui a mensagem retorna ao emissor do lugar do receptor. O emissor (E) assume a mensagem oriunda dele a partir do seu trajeto passando pelo receptor (R); há um duplo enganchamento, do qual uma parte está em pontilhado:

Figura 18

Esse duplo enganchamento é o mesmo do eco, no qual o sujeito escuta a sua mensagem lhe voltar deformada, interpretada como "palavra alterante".

É curioso notar, contudo, que Lacan faz referência mais à carta/letra que ao significante para falar da mensagem invertida. Ele não diz que o significante sempre chega a seu destino, nem que a letra/carta é invertida. É na inversão da mensagem que a carta chega ao destino. É numa referência ao escrito que a inversão da mensagem adquire sentido. Ocorre o mesmo quando ele fala do estilo: "é o homem [...] a quem nos endereçamos". Ao introduzir seus *Escritos*, ele frisa também que o estilo deles responde àquele "que seu endereçamento impõe"[19]. Ora, o estilo é justamente algo relacionado ao escrito. É numa referência ao escrito que a inversão da mensagem adquire sentido.

A inversão equivale ao fato de que a carta chega sempre a seu destino. Que destino? Ao destino de letra, diremos. Não é tautológico. Já é o embrião de uma concepção da letra, ao mesmo tempo como traçado e como provisão, precipitado de significantes. O trajeto da carta é o seu traçado, e vice-versa (!). Há cartas que se chamam "circulares". Aqui a palavra deveria ser tomada ao pé da letra.

Para conceber a mensagem invertida é preciso realizar um traçado, o da topologia de um duplo enganchamento ou do grafo; a carta que chega ao seu destino é a do circuito dos significantes entre emissor e receptor. Isso confirma que a instância da letra é justamente "a estrutura essencialmente localizada do significante"[20].

Esse traçado não basta, no entanto, para definir todas as características da letra a três.

---

[19]LACAN, J. (1966) Abertura desta coletânea In: LACAN, J. (1966) *Escritos*. Trad. V. Ribeiro. Rio de Janeiro: Editora Zahar, 1998, p. 9 e 11.
[20]LACAN, J. (1957) A instância da letra no inconsciente ou a razão desde Freud. In: LACAN, J. (1966) *Escritos*. Trad. V. Ribeiro. Rio de Janeiro: Editora Zahar, 1998, p. 505.

A letra a três

O vínculo entre mensagem invertida, carta que chega a destino e número três recebe um esclarecimento ainda mais probatório caso nos refiramos ao nó borromeano, e especialmente ao momento em que Lacan o introduz, em 1972.

Se o ser a três é um modo, um *apagamodo* (do sujeito), de responder ao seu real, é na medida em que o três é a marca desse real. Ele o é, segundo Lacan, a partir do nó borromeano:

> Serem três, é com isso que o real tem a ver. E por que o real são três? É uma pergunta que eu fundamento, que eu justifico com o seguinte: "que não há relação sexual". [...] Tudo o que eles [os anéis borromeanos] têm de real é que

isso vá dar três. Aqui, três não é uma suposição, graças ao fato de que — graças à teoria dos conjuntos — elaboramos o número cardinal como tal. O que é preciso ver, o que é preciso que os senhores suportem, é o seguinte: colocar em questão que não se trata de um modelo porque, em relação a esse três, os senhores não estão na posição de sujeitos — imaginando-o ou simbolizando-o —, os senhores estão é encurralados; os senhores, enquanto sujeitos, não passam de pacientes dessa triplicidade[1].

O três do nó borromeano é um real, pois a ternariedade precede a unariedade de cada anel; se um se desfaz de qualquer outro, já não há nó — logo, é impossível falar dele. Nenhum anel tem relação complementar com o outro, nenhum passa pelo furo do outro (como nos anéis olímpicos). O furo deles é "inviolável", diz Lacan. É impossível deslindar a contagem do três como tal, visto que a contagem só começa com o três. Então, somente o três pode se contar, mas para isso é preciso um quarto anel borromeano, que Lacan introduziu em seguida — no R.S.I., em 1975 — e ao qual atribuiu o valor de sintoma. Isso vem de uma espécie de duplicidade do real: o real como nome de um dos três anéis e o real do próprio nó. O real de um dos três anéis já é uma metáfora na medida em que é um sentido que se distingue daqueles do simbólico e do imaginário. É um real como sentido. Porém, o real é, por definição, extrassenso, o que é o caso do primeiro três, isto é, do real do nó borromeano a três. Então, uma vez produzido, para falar dele é preciso um

---

[1] LACAN, J. (1973-1974) *Le séminaire, livre XXI: Les non-dupes errent*, sessão de 15 de janeiro de 1974, inédito.

quarto anel que terá função de metáfora ou de sintoma — se o sintoma for definido como metáfora[2].

Não é nesse ponto que Lacan se encontra quando, pela primeira vez, ele introduz o nó borromeano, em 9 de fevereiro de 1972, no seu seminário ...*Ou pior*. É digno de nota, em contrapartida, para a sequência dos nossos argumentos, que ele o faça a partir de uma crítica ao esquema da comunicação dos linguistas.

A relação entre destinatário e remetente não é uma relação binária na qual estaria compreendido um código. Trata-se de uma relação de fala e, a título disso, é uma relação ternária com uma mensagem que implica uma demanda (D). Ela merece ser isolada para agrupar os três elementos: destinatário, remetente, mensagem. Na linguagem, ela se isola particularmente na gramática (que faz parte do código) — a relação gramatical que deslinda uma relação ternária, justamente. E uma forma, para a gramática, de deslindar uma relação ternária é o uso dos verbos que se definem como transitivos não numa relação binária (o homem bate em seu cachorro), mas numa relação ternária (eu te dou alguma coisa[3]).

Apontemos que essa referência aos verbos ternários talvez seja capaz de explicar por que Lacan considera ser

---

[2]PORGE, É (2008) O errar da metáfora [Trad. V. Veras]. In: LEITE, N. V. A.; VORCARO, A (orgs.) *Giros da transmissão em psicanálise: instituição, clínica e arte*. Campinas: Mercado de Letras, 2009, p. 13-43 [Em tempo: em razão das elaborações aqui desenvolvidas, optaríamos por retraduzir o título deste artigo como "O resvalo da metáfora". (N. de T.)].
[3]LACAN, J. (1971-1972) *O seminário, livro 19: ...Ou pior*. Trad. V. Ribeiro. Rio de Janeiro: Editora Zahar, 2012, p. 82-ss.

preciso um número ímpar de voltas para que o toro neurótico se transforme em banda de Moebius, isto é, para que o sujeito passe de um imaginário do furo ao corte da sua divisão[4]. De igual maneira, podem-se emparelhar a isso os três tempos da pulsão (ativo, passivo, reflexivo), cujo algoritmo inclui a demanda ($ ◊ D).

Em todo caso, em ...*Ou pior*, Lacan propõe uma conexão de três verbos ternários (*demandar, recusar, oferecer*), com o objetivo de cingir o objeto *a*, causa do desejo, na relação da demanda e do desejo concernente ao discurso do analisante. Isso resulta na seguinte proposição:

> *Eu te demando*
> *que recuse*
> *aquilo que te ofereço*
> *porque*
> *não é isso.*

O achado do nó borromeano, "caindo como uma luva" para Lacan, confere a ele o suporte de uma articulação ternária primitiva desses três verbos. "Demanda, recusa, oferta, neste nó que expus hoje, só adquirem sentido a partir uns dos outros"[5]. Cada anel do nó borromeano identifica a unariedade de cada um desses verbos, ao passo que o objeto *a* — representado pelo "não é isso" — é situado no lugar do engastalhamento central dos três:

---

[4]LACAN, J. O aturdito. In: LACAN, J. *Outros escritos*. Trad. V. Ribeiro. Rio de Janeiro: Editora Zahar, 2003, p. 487-488. Cf. fig. 17.
[5]LACAN, J. (1971-1972) *O seminário, livro 19: ...Ou pior*. Trad. V. Ribeiro. Rio de Janeiro: Editora Zahar, 2012, p. 89; trad. modificada.

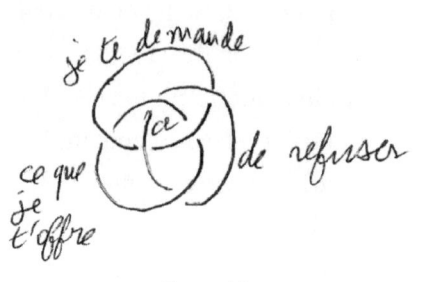

Figura 19

Os três verbos ternários só têm sentido uns em relação aos outros; é preciso o seu atamento ternário primitivo para que cada deles um faça sentido:

> Bastará vocês fazerem um pouquinho de exercício para perceberem que acontece rigorosamente a mesma coisa, se vocês tirarem deste nó, *eu te demando que recuse aquilo que te ofereço*, qualquer dos outros verbos. Se retirarem a recusa, o que poderá significar a oferta de uma demanda? Como eu já lhes disse, é da natureza da oferta que, se for retirado o pedido, recusar já não significará nada. É justamente por isso que a questão que se coloca para nós não é saber o que vem a ser o *não é isso* que estaria em jogo em cada um desses níveis verbais, mas nos apercebermos de que é ao desatar cada um desses verbos de seu nó com os outros dois que podemos descobrir o que vem a ser esse efeito de sentido como o que chamo de objeto *a*.[6]

O efeito de sentido depende do modo como se relacionam as três proposições, que dependem, elas mesmas, do

---

[6]*Ibid.*, p. 88; trad. modificada.

atamento borromeano. Dito de outro modo, ele desempenha uma função de *pontuação* entre as três frases. Os sinais de pontuação — extrassensos, por si sós — são parte integrante do escrito, embora tenham uma correspondência vocal; eles estão na junção dos dois, em seu entremeio. Retomaremos esse ponto ao fim do capítulo.

Por ora, para retomarmos o fio do que propusemos no capítulo anterior, essas frases constituem os momentos de um trajeto de fala em que a mensagem retorna invertida (oferta, demanda, recusa) não numa relação dual, binária, mas numa relação ternária — implicando, então, um real. Desse ponto de vista, a carta chega ao destino pois ela é o próprio nó — na sincronia de sua ternariedade primitiva, na diacronia da sua declinação gramatical — e na medida em que ele encurrala, num lugar vazio e invisível, uma letra, *a*.

A partir dessa escansão tem-se menos dificuldade, ulteriormente, em compreender as etapas pelas quais a referência à letra/carta passa entre o seminário sobre *A carta roubada* e *Lituraterra*, passando pelo desfiladeiro da *Homenagem*. Vamos revisitá-los rapidamente.

Homenagem

Na *Homenagem*, a letra é "o verdadeiro sujeito" do texto, como a carta no seminário sobre *A carta roubada*. Mas, diferentemente desse último, é de forma bem mais frontal, e sobretudo através de relações ternárias — nas quais o próprio Lacan se inclui, explicitamente, como objeto. Por outro lado, já não há referência à intersubjetividade dos sujeitos. Mesmo se Lacan leva em conta as relações entre os personagens do romance, eles não entram nem num vínculo intressubjetivo, nem num vínculo extrassubjetivo. O sujeito é "desenlameado" do subjetivo. Só há um único sujeito, o da fantasia de Lol V. Stein, identificado à dinâmica de um plano projetivo (um nó que se faz e se desfaz), dinâmica que repercute no próprio estilo do artigo de Lacan — o que é coerente com o fato de que ele se inclui ali. O ser a três é o de Lol, em relação ao qual os outros personagens do romance desempenham as suas partes segundo uma temporalidade lógica de olhares que determina lugares distintos. Mas, entre eles, nem se trata tanto de repetição de cenas — como em A carta roubada —, mas de um nó que se faz, se desfaz, se refaz.

É nesse nó, e em seu redobramento — pelo fato da implicação de Lacan num novo ternário —, que a letra como objeto é tomada verdadeiramente como o sujeito da Homenagem. A letra, representada pelo relato de Marguerite Duras, é não somente um dos termos do ternário de Lacan, mas também o próprio nó que ele fabrica para apreendê-lo, a saber, o texto da Homenagem. Nós sustentamos que ele próprio era estruturado como uma sublimação com a citação da Novela X de O heptamerão, de Margarida de Navarra. Falando da sublimação — em Marguerite Duras e Margarida de Navarra —, Lacan realiza o que ele diz dela: elevar um objeto à dignidade de Coisa. E esse objeto é, então, o nó que ele dá entre o seu ternário e os de Lol *via* Marguerite Duras e Margarida de Navarra. É aí que o *ser a três* de Lol torna-se *letra a três* de Lacan. Esse redobramento — ou "retorno a" — é determinado, como o estilo de Lacan, pelo fato de que não há metalinguagem.

Deve haver uma concordância entre o objeto do qual o psicanalista trata e a forma de falar dele. Explicando-se a respeito do seu método de ensino intrigante, Lacan aventa que, "em sua essência, esse método não se distingue do objeto abordado"[7].

Falar do inconsciente estruturado como uma linguagem é permanecer submetido à determinação da linguagem que o constitui. A estrutura linguística do inconsciente constitui obstáculo à metalinguagem. As linguagens que se superpõem às linguagens-objeto — como em Bertrand Russell — não saem da linguagem. No entanto, há uma exterioridade da linguagem, um "centro externo" que, desde o discurso de Roma, em 1953, Lacan identificou ao furo central do toro[8]; esse além, no entanto, designa o real e é abordado também com a linguagem e com o imaginário. A impossibilidade da metalinguagem comanda o seu estilo:

> Não há metalinguagem, isto é: quanto mais se fala da linguagem, mais os senhores se afundam nisso que se poderia chamar de as suas falhas e seus impasses. [...] Se escrevo como escrevo, é a partir disto que eu nunca *esqueço*, a saber: que não há metalinguagem. Ao mesmo tempo em que enuncio certas coisas sobre os discursos, é preciso que eu saiba que, de certa forma, é impossível dizer. É justamente por isso que é real.[9]

---

[7]LACAN, J. (1962-1963) *O seminário, livro 10: A angústia*. Trad. V. Ribeiro. Rio de Janeiro: Editora Zahar, 2005, p. 267.
[8]LACAN, J. (1953) Função e campo da fala e da linguagem em psicanálise. In: LACAN, J. (1966) *Escritos*. Trad. V. Ribeiro. Rio de Janeiro: Editora Zahar, 1998, p. 321-322.
[9]LACAN, J. (1971) Discours à Tokyo. In: LACAN, J. *Lettres du Japon*. Documento interno da École de Psychanalyse Sigmund Freud, Paris.

As leis da escrita são distintas da forma de falar, e isso "força" Lacan a "uma escrita um pouco complicada" — diz ele no mesmo texto. Se os *Escritos* começam com *A carta roubada*, é porque ela é *extraviada* e "isso se deve essencialmente à natureza da linguagem: visto que é próprio da linguagem sempre proceder por um desvio e não poder atingir nada se não for por um desvio"[10].

Por essa razão, ele deseja que

> tirássemos da escrita outro partido que não o de tribuna ou tribunal, para que nela articulem-se outras falas a nos prestarem tributo. Não há metalinguagem, mas o escrito que se fabrica com a linguagem talvez seja um material capaz de fazer com que nela modifiquem-se as nossas formulações.[11]

Lituraterra

Lituraterra está em continuidade com o que Lacan já enunciara sobre a letra/carta, mas introduz uma mudança. Lacan diz, e assina embaixo, que a carta *sempre* chega a seu destino. Todavia, acrescenta que "ela faz *furo*". É nesse sentido, para a psicanálise, que ela "mostra o seu fracasso" e que ela é "como que extraviada"[12]. Ela faz furo enquanto "borda do furo no saber" — eis o que ela delineia. Mas a borda de um furo não é um nó, limitando-o e constituindo-o ao mesmo tempo? O nó como giro e furo. É o que a *Homenagem* já antecipava,

---

[10]*Idem*. (N. de T.)
[11]LACAN, J. (1971) Lituraterra. In: LACAN, J. *Outros escritos*. Trad. V. Ribeiro. Rio de Janeiro: Editora Zahar, 2003, 2001, p. 23; trad. modificada.
[12]*Ibid.*, p. 17; trad. modificada.

especialmente por Lacan empregar ali o termo "nó" a propósito do plano projetivo, antes mesmo de ter descoberto o nó borromeano.

A carta chega ao destino porque ela constitui um nó que se fecha em gancho, bordejando um furo. Como dissemos, o traçado é seu trajeto, seu trajeto de nó que constitui borda de furo no saber. Chegar ao destino, para a carta/letra, implica que ela faça borda de furo — é esse o seu destino.

Lituraterra é escrito no cenário do apólogo do nascimento do significante em três tempos[13], mas especificando a sua diferença em relação à letra. Significante e letra são, ambos, correlatos ao sujeito e há algo da letra no significante[14], mas letra e significante não são do mesmo registro[15]. Contrariamente ao que se passa com o significante, não há, no caso da letra, rastro primeiro. O literal é a *litura* pura, a rasura, e "rasura de nenhum rastro anterior". E a rasura é o

---

[13] Lacan voltou a isso repetidas vezes; por exemplo, no seminário *O desejo e sua interpretação* (p. 95) e no seminário sobre a identificação (sessão de 24 de janeiro de 1962). O apólogo é o do reconhecimento dos passos de Sexta-Feira no romance de Daniel Defoe, *Robinson Crusoé*. O primeiro tempo é o de um rastro, uma marca na areia. O segundo tempo é o do apagamento do rastro. É um ato de negação, um "*passo!*" — como se diz ao negar algo. Ele é o momento de *fading* do sujeito, do seu eclipsamento. Ele remete à *Verneinung* de Freud. O terceiro tempo é o da marcação desse apagamento, de uma volta ao primeiro tempo do rastro que, com isso, nomeia-se com o significante "passo" (da caminhada). Esse advento em três tempos do significante satisfaz a definição do significante "passo", não idêntico a ele mesmo: o significante "rastro de passo" representa o sujeito (apagado pelo *passo!* da negação) para um outro significante (o *passo*, anterior, da caminhada).

[14] LACAN, J. (1961-1962) *Le séminaire, livre IX: L'identification*, 24 de janeiro de 1962, inédito.

[15] J. LACAN (1972-1973) *O seminário, livro 20: Mais, ainda*, 2ª ed. Trad. M.D. Magno. Rio de Janeiro: Editora Zahar, 1985, p. 41.

"ramalhete do traço primário *e* [grifo nosso] daquilo que o apaga"[16]. Acaso não se poderia supor que ele esteja fazendo referência a um traço que se sobrepõe, como o traço unário em espiral — dito "oito interior" — que encerra o objeto a[17]?

Fato digno de nota, Lacan já não se apoia — como em *A carta roubada*, por exemplo — num texto literário, mas em duas experiências pessoais subjetivas que colocam em jogo o corpo e o gesto: a caligrafia e o avistamento dos deflúvios sobre as *terras* desérticas da Sibéria que ele observa do alto do avião que o traz de volta do Japão. Daí o título: *litura-terra*. Os deflúvios[18] fazem traços de rasura na terra. Há dois tempos, quase síncronos, da rasura ("um ramalhete", diz Lacan),

---

[16] E não "daquilo que ele apaga", como está transcrito por Jacques-Alain Miller no seminário *De um discurso que não fosse do semblante* (Rio de Janeiro: Editora Zahar, p. 113; trad. modificada).

[17] Como escreveu Jean-Pierre Cléro, a letra é um corte numa escrita — somando-se, assim, a Dedekind, que definiu os números como cortes entre outros números.

[18] Em seu seminário *L'identification* de 24 de janeiro de 1962, Lacan já equiparou a relação do escrito com o significante a um deflúvio: "Esse desviozinho [trata-se da evolução dos caracteres chineses], considero eu, tem a sua serventia para fazer com que os senhores vejam que a relação da letra com a linguagem não é algo que se deva considerar numa linha evolutiva. Não se parte de uma origem dotada de espessura, sensível, para dali isolar uma forma abstrata. Não há nada que pareça com seja lá o que se possa conceber como paralelo ao processo que se diz do conceito, ou sequer da generalização. Tem-se uma série de alternâncias onde o significante torna a bater na água — se assim posso dizer — do fluxo pelas pás do seu moinho, sua roda reerguendo a cada vez alguma coisa que deflui, para voltar novamente a cair, a se enriquecer, a se complicar, sem que nunca possamos, em momento algum, apreender aquilo que domina — do começo concreto ou do equívoco". Pode-se, também, remeter à *Conférence à Genève sur le symptôme*, em 1975 (*Le bloc-notes de la psychanalyse*, n. 5. Genebra, 1985), onde Lacan evoca "a peneira que se atravessa, por onde a água da linguagem acaba se vendo, durante a passagem, deixando passar alguma coisa, alguns detritos".

pois os deflúvios não constituem fronteira entre dois domínios homeomorfos, mas separam duas zonas heterogêneas: um domínio inteiro constitui fronteira para o outro; eles são estrangeiros a ponto de não serem recíprocos. É o que Lacan chama de "litoral": entre terra e mar, entre terra e céu, mas também "entre centro e ausência, entre saber e gozo".

A nova função que Lacan concede à letra não é de fronteira, mas oriunda de litoral, de rasura (*litura*). Há um traço e aquilo que o apaga, como o traço entre o mar e a areia[19]. A rasura circunda, bem se poderia dizer, o rastro apagado de uma fronteira que não existe. Não há fronteira, a não ser a o semblante, mas um litoral: uma rasura que guina para o literal, que guina para a letra — contanto que se possa, todavia, dar a mesma guinada a todo instante: "Entre centro e ausência, entre saber e gozo, há litoral que só guina para o literal quando, essa guinada, os senhores podem dar a mesma a todo instante"[20].

O rastro que falta, cujo lugar é assumido pela rasura, é o de um gozo. Um gozo ligado à ruptura do semblante que faria fronteira. Ruptura que se produz quando o deflúvio sobre a terra se deixa ver por entre as névoas e "se conjuga com a sua fonte", a suspensão das partículas das nuvens.

---

[19] Pode-se pensar na prática, que acontece na China, de escrever caracteres — sobre o chão, com um pincel molhado — que se apagam quando a água evapora.
[20] [LACAN, J. (1971) Lituraterra. In: LACAN, J. *Outros Escritos*. Trad. V. Ribeiro. Rio de Janeiro: Editora Zahar, 2003, p. 21-22; trad. modificada. (N. de T.)]. Numa sessão de trabalho, Dorothée Muraro fez as seguintes perguntas: o litoral torna o apagamento possível, mas ele o torna efetivo por si só? Haveria dois níveis de apagamento implicados pelo ravinamento (que tem três dimensões)?

Aquilo que, de gozo, se evoca ao romper um semblante: é isso que, no real, apresenta-se como ravinamento [o ravinamento do deflúvio]. É pelo mesmo efeito que a escrita é, no real, o ravinamento do significado; o que choveu do semblante na medida em que constitui o significante.[21]

O ravinamento do litoral dá à letra uma estrutura de borda. Borda que circunda, no terceiro tempo, o rastro apagado do nascimento do significante. Mas borda de nenhum rastro anterior.

«« • »»

Se "entre centro e ausência, entre saber e gozo, há litoral que guina para o literal", a letra constitui signo de um *entre*, de um intervalo. Mas de um entre dois ou de um entre três?

Vamos partir, novamente, do fato de a letra ser a borda de um furo. O nó borromeano dá a essa borda a consistência de um ternário. A matriz do ternário borromeano são os três filamentos do tríscele que desenhamos. Para se emparelharem e formarem um nó, esses três fios animam-se e criam uma dinâmica de *tour-bilhão* — de onde pode ser "cuspido de volta" um nome do pai, diz Lacan. Ora, a referência ao turbilhão já aparece em sua obra a propósito do plano projetivo, para designar o "ponto turbilhão" de inversão do dentro ao fora por onde o objeto sai de um para-além do imaginário[22].

---

[21]*Ibid.*, p. 22; trad. modificada.
[22]LACAN, J. (!961-1962) *Le séminaire, livre IX: L'identification*, sessão de 23 de maio de 1962, inédito.

A existência de um ponto turbilhão tanto para o plano projetivo quanto para o nó borromeano nos permite emparelhar a sublimação (como destino da pulsão) à problemática da letra enquanto letra a três e, mais precisamente, da pontuação com a pulsão invocante.

A *Homenagem* a Marguerite Duras procede, ao que nos parece, de uma sublimação dessa pulsão. Noutros trabalhos[23], nós abordamos a estrutura da pulsão invocante (composta das sonoridades da voz, dos seus silêncios, dos ecos, do grito) postulando a existência de um estágio do eco; um estágio cujas referências espaçotemporais não estão fixadas de antemão, mas remetem a uma origem "turbilhonária" (segundo a palavra de Walter Benjamin) — constituindo-se, à medida de sua realização, no turbilhão engendrado pela dinâmica dos dois orifícios-fonte, a boca e o ouvido, o ouvir e o falar[24]. Se a letra é a borda de um furo — uma vez que o furo é o do nó borromeano; e que, "um furo, isso turbilhona" —, então, sim, nós podemos dizer que a letra em jogo na sublimação é uma *letra a três*, pela qual se é feito de besta — para voltar à oposição entre bestas e não bestas.

A pulsão invocante nos implica como leitores, visto que o estilo da *Homenagem* é comandado pelo seu endereçamento. Ela nos implica em suas consequências. Se consideramos o

---

[23]PORGE, É. "Entre voix et silences: tourbillons de l'écho", *Essaim*, n. 32. Toulouse: érès, primavera de 2014. No seu seminário *O desejo e sua interpretação* (Rio de Janeiro: Editora Zahar, 2016, p. 456), Lacan também falou de um "turbilhão da fantasia".
[24]A referência da pulsão ao turbilhão já foi aventada por Imre Hermann. Cf. *Parallélismes*. Paris: Denoël, 1980, p. 99-100: "Os instintos desfraldam-se à maneira do turbilhão"; "A compulsão à repetição já é um turbilhão elaborado, a própria tentativa de sair do turbilhão que ela constitui".

nó borromeano (portador dos três verbos ternários) como uma escrita da mensagem invertida que chega sempre ao seu destino, isso o constitui como um sinal de *pontuação* — termo que, em Lacan, tem um lugar todo seu: "Não há cadeia significante, de fato, que não sustente — feito apêndice, na pontuação de cada uma das suas unidades — tudo o que se articula de contextos atestados na vertical, por assim dizer, desse ponto"[25].

Os sinais de pontuação, que podem incluir a diagramação — como no poema, de Mallarmé, "Um lance de dados jamais abolirá o acaso" — fazem parte da escrita, ao mesmo tempo que estão na junção entre o escrito e o vocal, mas também entre o espaço (em termos de superfície da página) e o tempo. Os sinais de pontuação significam o *entremeio* e, com o nó borromeano, o *entretrio*. Lacan frisou que a topologia do nó borromeano repagina a definição do ponto, que, em geometria, não tem dimensão, pois é definido pelo cruzamento de duas retas — que, por sua vez, têm apenas uma dimensão. Ora, o ponto, em sua própria etimologia, implica a conjunção do espaço e do tempo, própria a toda pontuação: "A pontuação refere-se, assim, simultaneamente ao espaço e ao tempo, que ela distribui segundo relações singulares", escreve Isabelle Serça, lembrado que "ponto" vem de *punctus* — que, a partir do sentido de base de "picada", designa tanto a área do furo causado por objeto pontiagudo quanto o momento de despontar (o dia está despontando[26]).

---

[25] LACAN, J. (1957) A instância da letra no inconsciente ou a razão desde Freud. In: LACAN, J. (1966) *Escritos*. Trad. V. Ribeiro. Rio de Janeiro: Editora Zahar, 1998, p. 507; trad. modificada.
[26] SERÇA, I. *Esthétique de la ponctuation*. Paris: Gallimard, 2012, p. 33.

Com a pontuação "o tempo assumiu a forma do espaço"[27]. "Delineando aos nossos olhos as formas que a nossa leitura desdobra, a pontuação delimita o espaço temporal que a obra de arte cria e é, assim, um dos seus critérios necessários"[28].

A pontuação é uma letra do *entretrio* com o nó borromeano. A título disso, ela realiza a conjunção entre o espaço, na sua forma de superfície, e o tempo. Qual é o interesse dessa conjunção? Como desenvolvemos noutro momento[29], ela constitui um marcador de toda identificação. Em toda identificação há algo que constitui, simultaneamente, superfície e tempo. O paradigma é a identificação especular em que o eu antecipa (no sentido do tempo lógico) a sua unidade na captação espacial da superfície do espelho.

"Em toda identificação" — enuncia Lacan, aliás — "há aquilo que chamei de 'instante de ver', o tempo para compreender e o momento de concluir"[30].

Como Lacan diz, a propósito da identificação especular, a identificação é uma *transformação* assumida no sujeito. Digamos que a letra a três participa disso. Provisão, precipitado de significante, ela constitui borda ao furo da pulsão que se destina à sublimação, ela encerra o vazio da Coisa. Sua pontuação — ou escansão — constitui, a nosso ver, um

---

[27]PROUST, M. *Cahier 7*, citado por SERÇA, I. *Esthétique de la ponctuation*. Paris: Gallimard, 2012 p.141.
[28]SERÇA, I. *Esthétique de la ponctuation*. Paris: Gallimard, 2012 p. 289. É a última frase do livro.
[29]PORGE, É. *Lettres du symptôme*. Toulouse: érès, 2010.
[30]LACAN, J. (1964-1965) *Le séminaire, livre XII: Problèmes cruciaux pour la psicanálise*, sessão de 13 de janeiro de 1965, inédito. Lacan inscreve esses três tempos no trajeto de um corte de uma garrafa de Klein, o que mostra bem a conjunção entre o tempo e a superfície topológica.

exemplo de marcador do inapreensível da passagem de uma identificação do desejo indestrutível, como para Lol V. Stein.

A identificação do desejo indestrutível concerne também ao analista em exercício. Para voltarmos, como conclusão, ao nosso ponto de partida — quanto à forma de não fazer pouco caso de um sujeito; nesse caso, Lol —, tratou-se, para Lacan, de "fazer par"[31] com ela; e isso inscrevendo-se, ele próprio, num movimento de sublimação, ou seja, no destino de uma pulsão decantada de certos recalcamentos. A forma como o desejo do analista perdura (par dura?) após o fim da sua própria análise tem, sem dúvida, a ver com a sua relação com a pulsão. Pode-se deduzi-lo da pergunta que Lacan formula no fim do seu seminário *Os quatro conceitos fundamentais da psicanálise*:

> Como um sujeito que atravessou a fantasia radical pode viver a pulsão? Isto é o além da análise, e nunca foi abordado. E, até o presente, só é abordável no nível do analista — na medida em que seria exigido dele, precisamente, ter atravessado em sua totalidade o ciclo da experiência analítica.[32]

A sublimação seria a resposta à questão de saber como viver a pulsão para além da análise, de uma forma que retroativamente determina o desejo daquele que se torna

---

[31]LACAN, J. (1976) Prefácio à edição inglesa do Seminário XI. In: LACAN, J. *Outros escritos*. Trad. V. Ribeiro. Rio de Janeiro: Editora Zahar, 2003, p. 569; trad. modificada: "Mas escrevo, na medida em que creio dever fazê-lo, para ficar a par desses casos, para com eles fazer par".

[32]LACAN, J. (1964) *O seminário, livro 11: Os quatro conceitos fundamentais da psicanálise*. Trad. M.D. Magno. Rio de Janeiro: Editora Zahar, 1985, p. 258; trad. modificada.

analista. Essa sublimação passa por uma posição do analista "fazendo par" com a singularidade do caso; posição que lhe permite, ao mesmo tempo, realizar a junção com a extensão da psicanálise, isto é, sua abertura ao público — visto que o reconhecimento social faz parte da sublimação.

O propulsor da sublimação, tal como nós a abordamos, consiste em apanhar o caso (*casus*) — que tem a ver com o objeto *a* — que cai na rede da letra a três. Assim, esta se torna condição de acesso ao caso e, ela própria, caso; borda de um furo no saber que o analista fornece aos leitores para que estendam o seu turbilhão. Dirigindo-se aos leitores, com eles o analista inicia uma espécie de turbilhão que, em suas relações coletivas, eles podem estender.

Este livro foi impresso em 2019,
pela Gráfica Bartira, para Aller Editora.
A fonte usada no miolo é Goudy Old corpo 11,5.
O papel do miolo é Pólen 80 g/m².